Comment parler

parler

Artistes, écrivains, chercheurs et représentations sociales

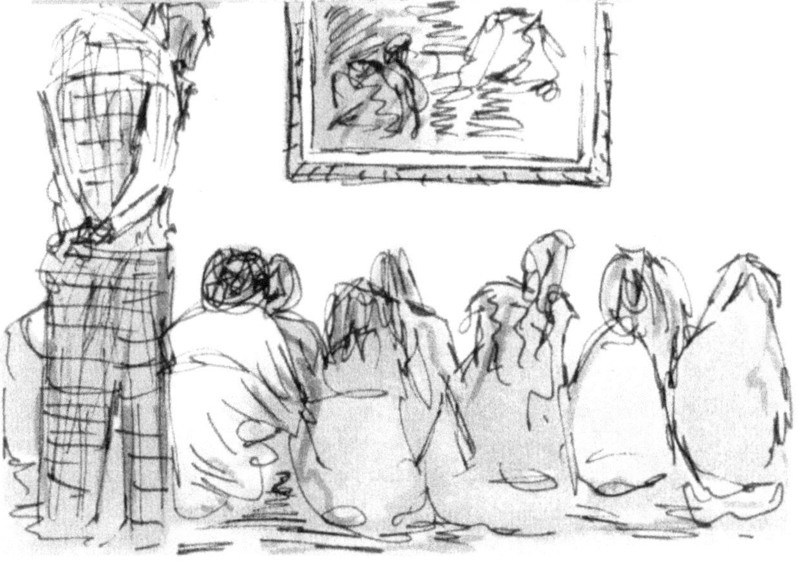

de la société

à un canard.

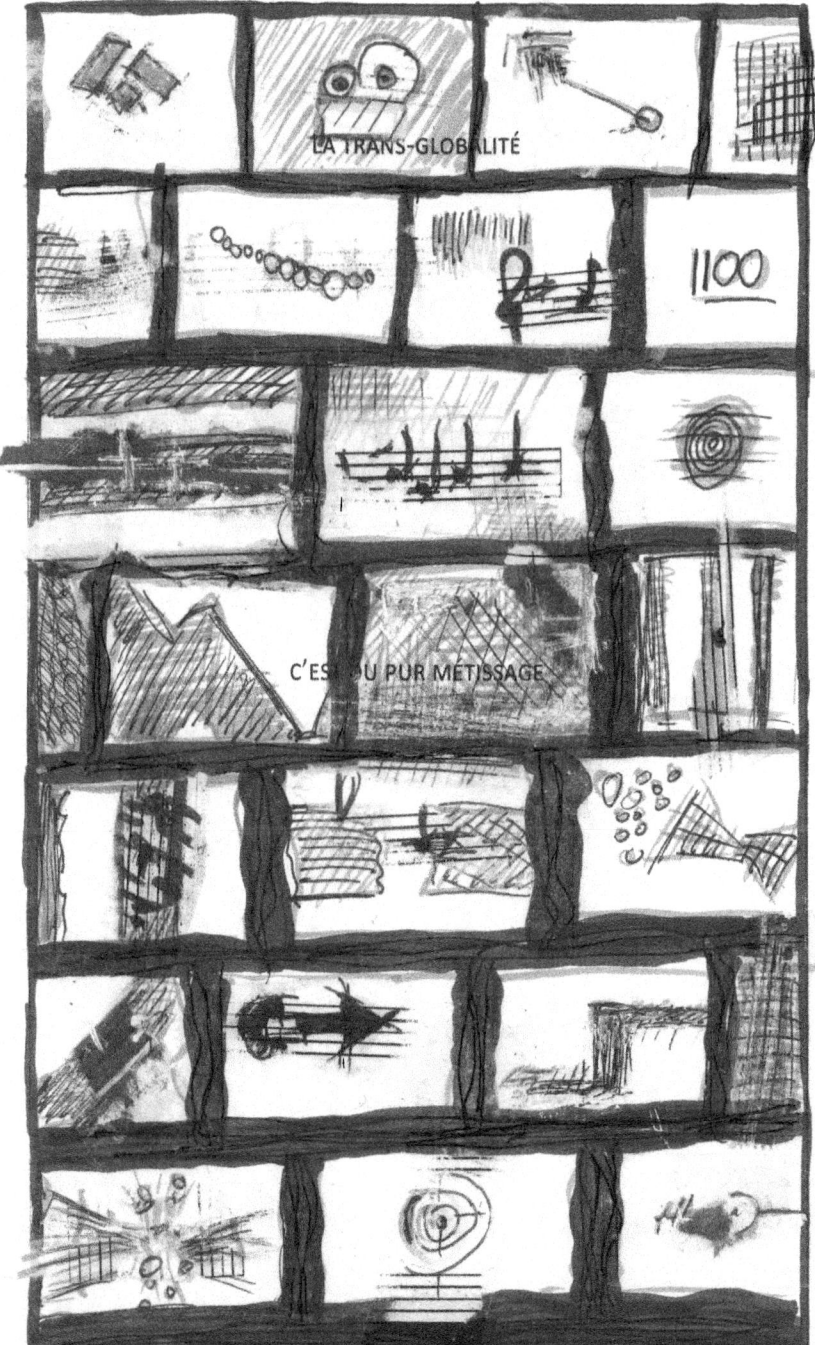

de bouches en bouches
foutres touches
foutres mains
en orifices stupéfiés ;
replissons les !

je me fends tu te fends il se fend
nous nous fendons vous vous fendez
ils se fend elle se fendent
elle se fend s'il se fend je me
fend vous vous fendez il nous
fendons je les fends si tu les ... ...
fends ... je vous fends ...
... à eux nous vous fendons
à elles se ... sent à elles nous
fendent ... nous defend ... à vous ...
te fende si le se fendu elle
aussi cannib ... es ... je
nous fend ... ...
... ... ils ... ...
... ... ies ... ser...

Manuel de survie ... moi ...
... vous ... fends ...

J'AI LE DOIGT QUI COULE

il partout
que ça existe

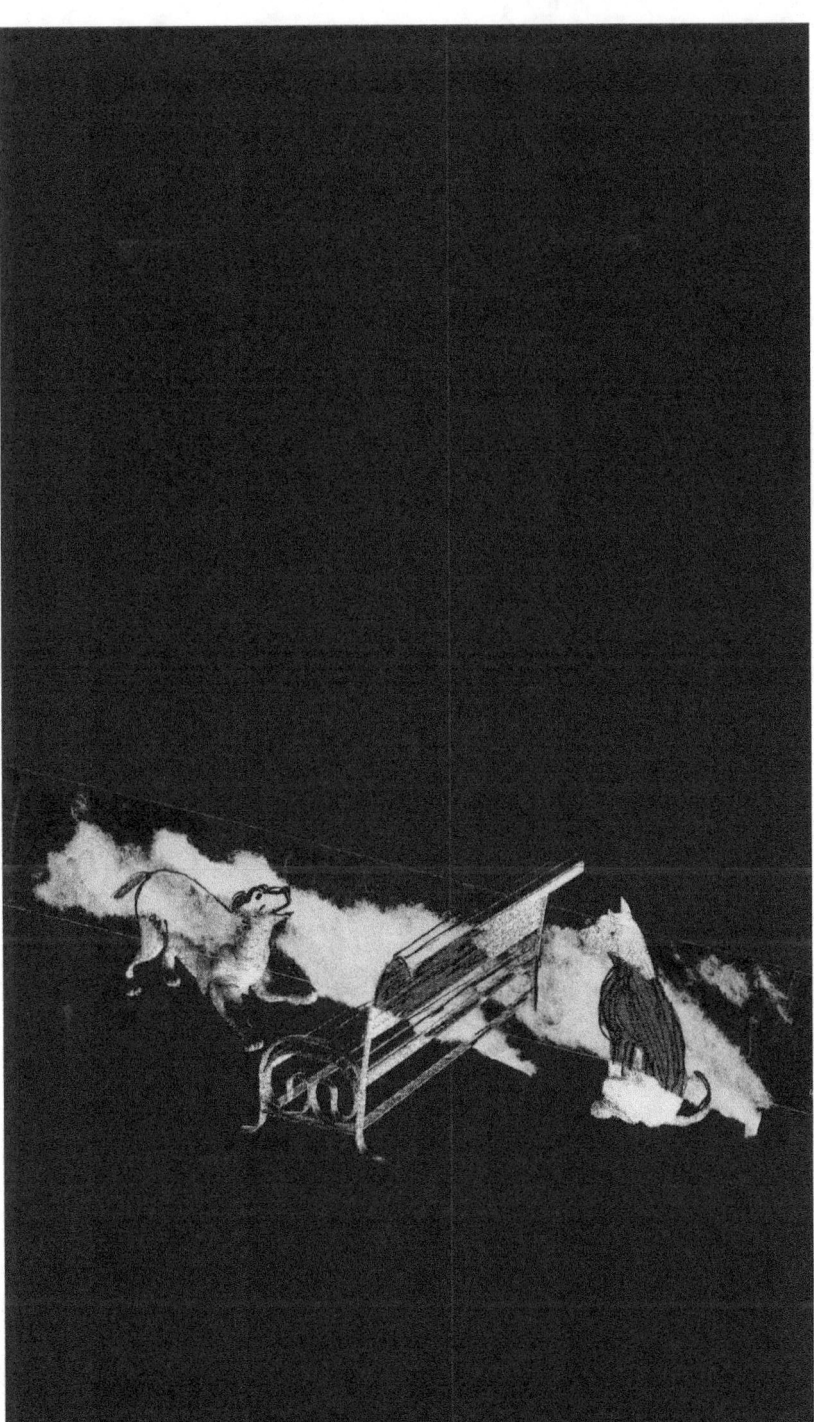

Tous les jeudis
on y va tous les
jeudis c'est le
jour le jeudi où
on y va et puis
on y va plus les
jeudis c'est pour
les visiter à la
dame le jeudi
c'est mieux elle
dit mais là c'est
plus le jeudi
elle préfère ça
dépend quel
jeudi de la
semaine si
c'est le
énième jeudi elle pense que c'est mieux
comme ça. à moi dire je préfère le
jeudi voilà c'est selon la semaine
et l'humeur selon le jeudi mais
globalement c'est sûr le jeudi c'est
mieux pour tout le monde surtout
pour moi parce que si j'avais à
choisir le jeudi y a pas à dire
c'est quand même un jour exceptionnel et ça
c'est précieux comme qualité.

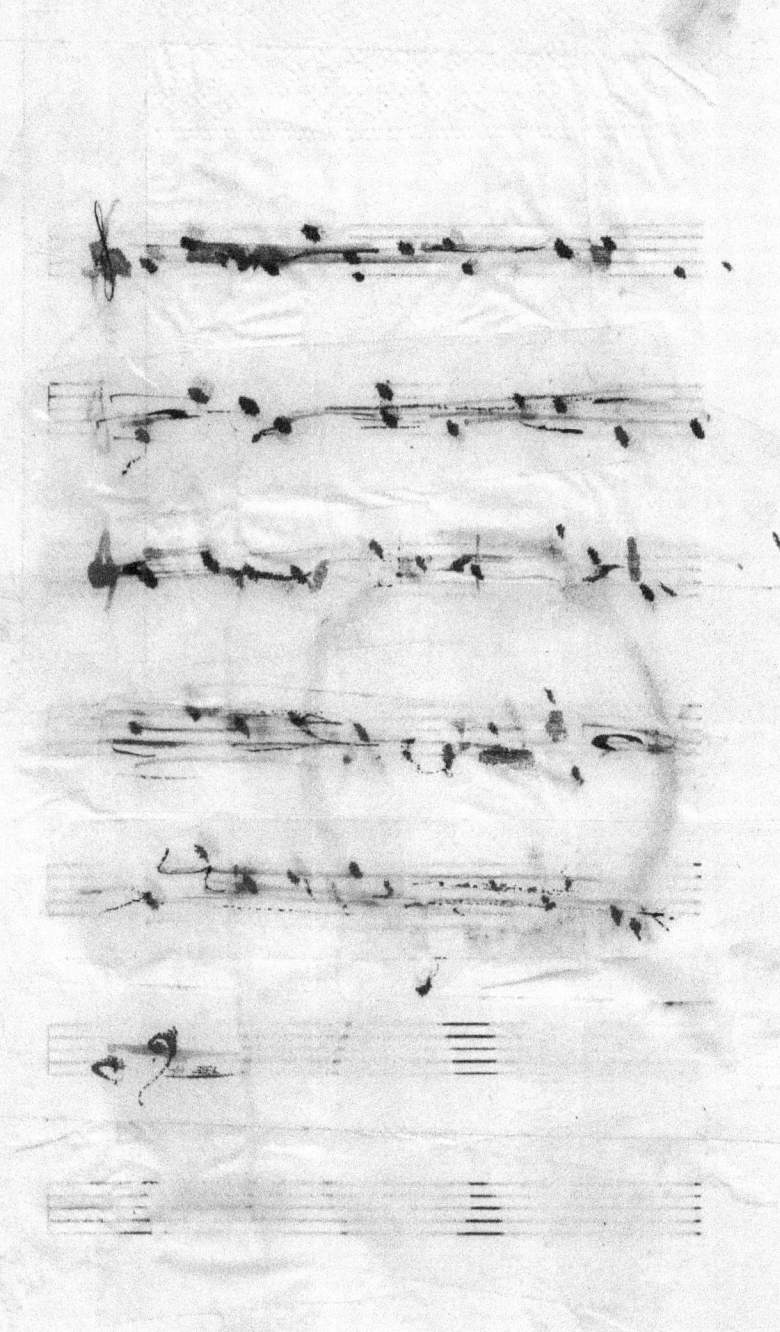

s'épuiser à traire des gouttes laides de vie

une page du livre

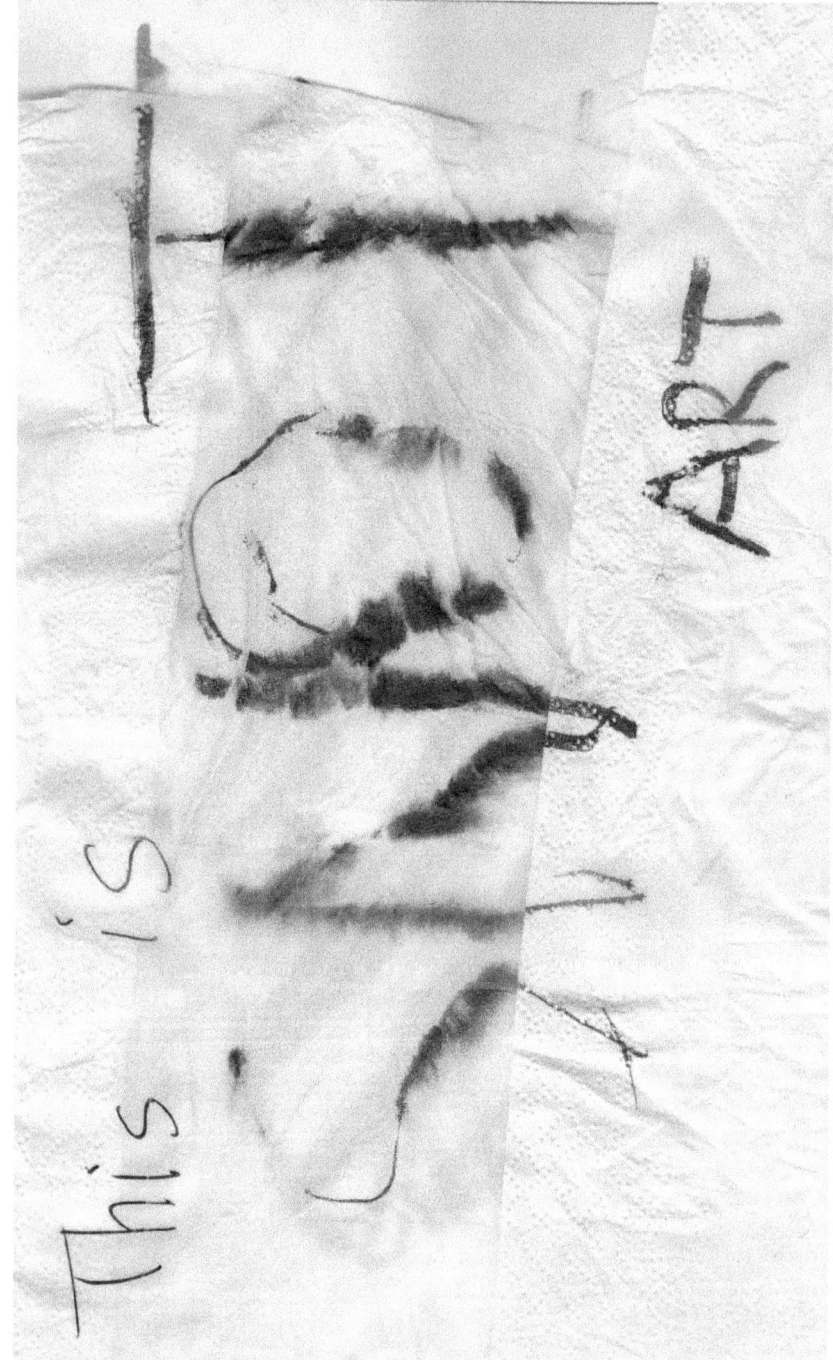

this is
a nest of
lit isn't. rot art isn't?

ah !
ah ben c'est
ah ben c'est des... eh... f.
j'ai hachis jeeka.
elle amène au pet
cul aire resté uvé.
double uvé.
ixi
grec
z'aide

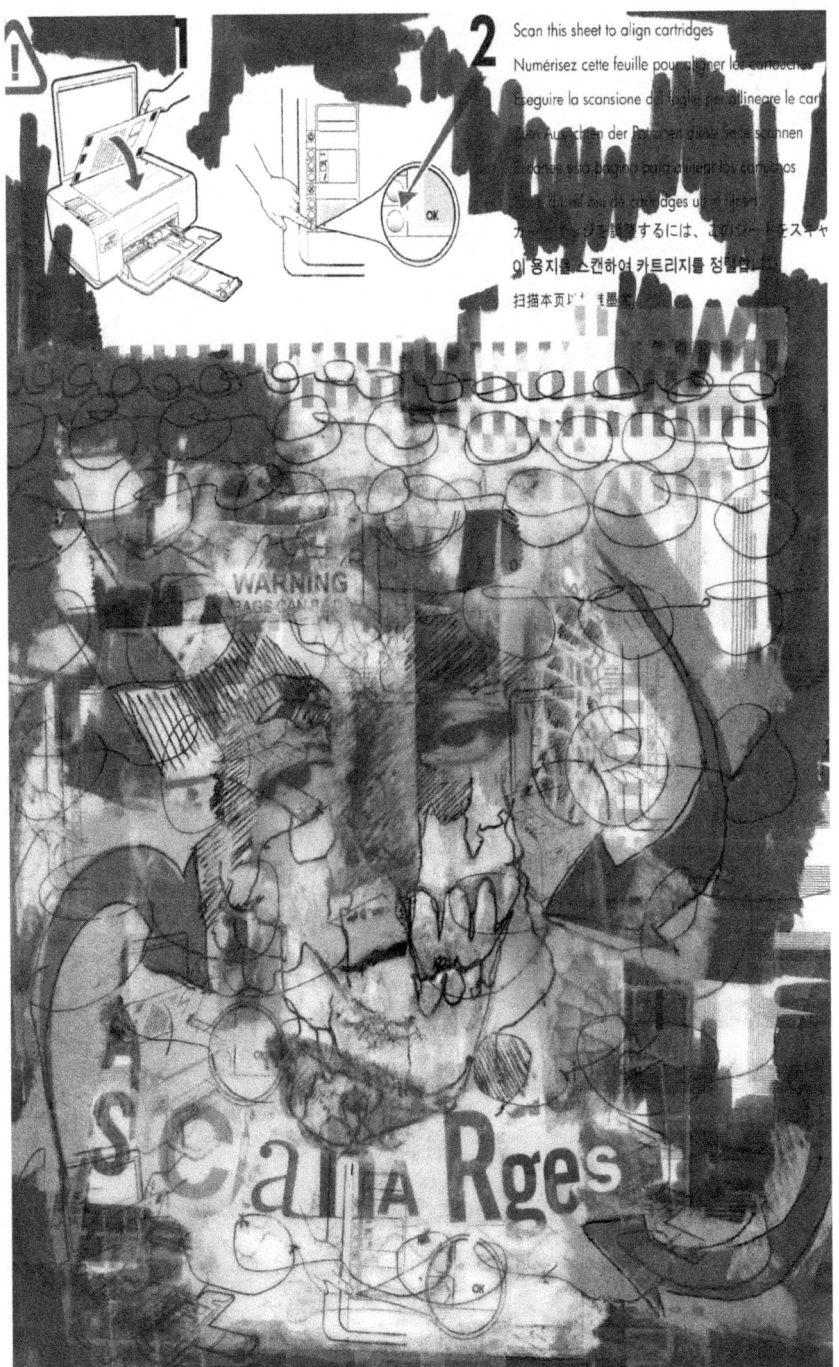

```
où   je   peux   quand   je   veux
où   je   peux   quand   tu   veux
où   tu   peux   quand   je   veux
où   tu   peux   quand   tu   veux
où   je   peux   quand   je   peux
où   je   peux   quand   tu   peux
où   tu   peux   quand   je   peux
où   tu   peux   quand   tu   peux
où   je   veux   quand   je   peux
où   je   veux   quand   tu   peux
où   tu   veux   quand   je   peux
où   tu   veux   quand   tu   peux
où   je   veux   quand   je   veux
où   je   veux   quand   tu   veux
où   tu   veux   quand   je   veux
où   tu   veux   quand   tu   veux
```

je compte pour rien. 1 fois

je compte pour rien. 2 fois

je compte pour rien. 3 fois

pour 3 fois rien je compte

RIEN RIEN RIEN

je compte sur toi, 1 fois

je compte sur toi, 2 fois

je compte sur toi, 3 fois

pour 3 fois rien je compte sur toi

CA FAIT BEAUCOUP

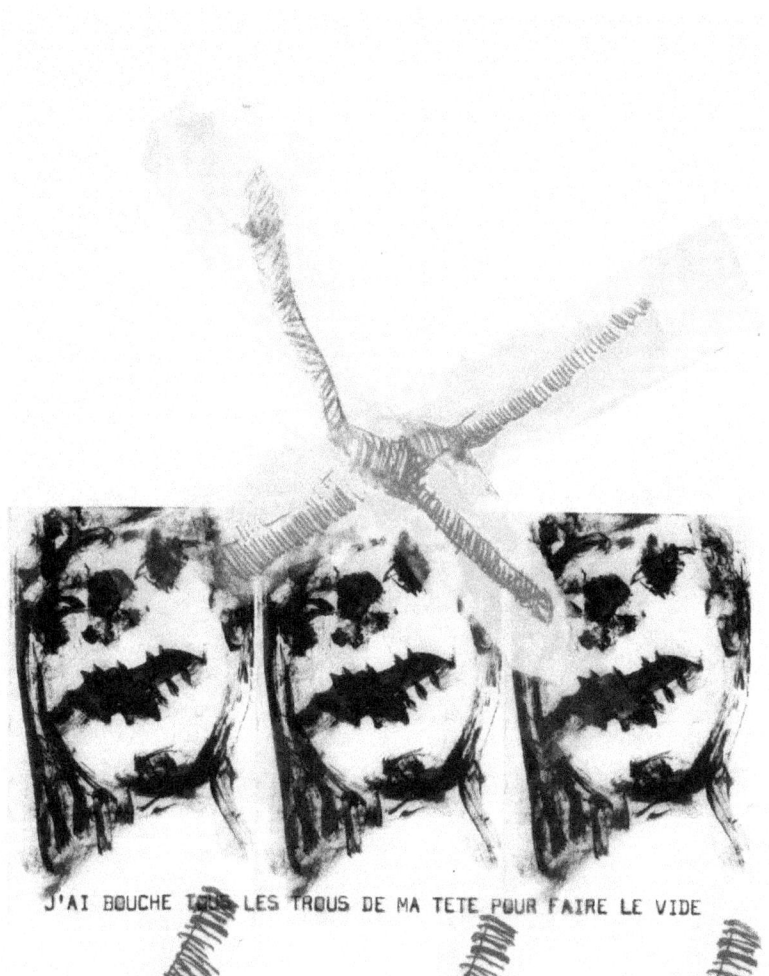

J'AI BOUCHE TOUS LES TROUS DE MA TETE POUR FAIRE LE VIDE

Connaître et pratiquer
la BÂTARDE en glanque

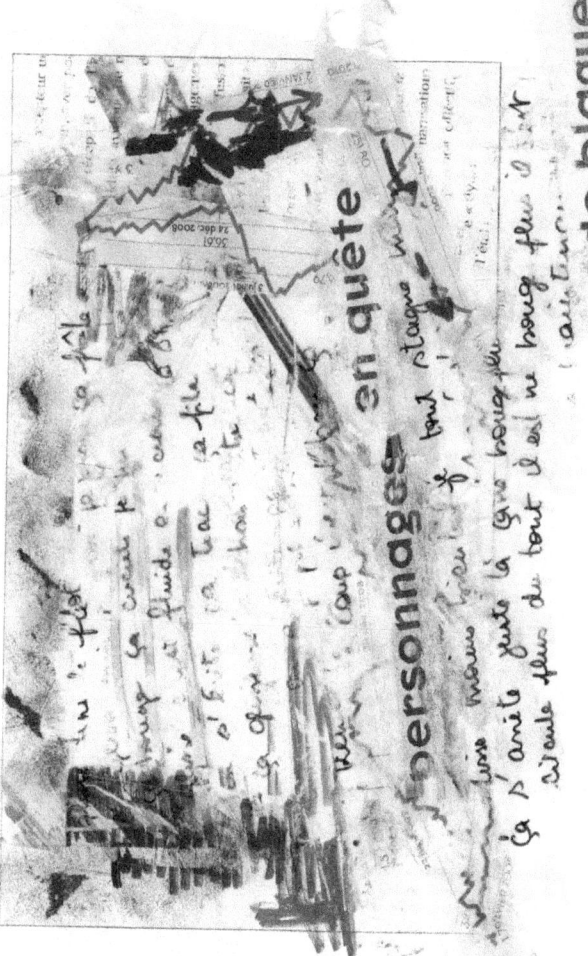

personnages   en quête

...de blagues

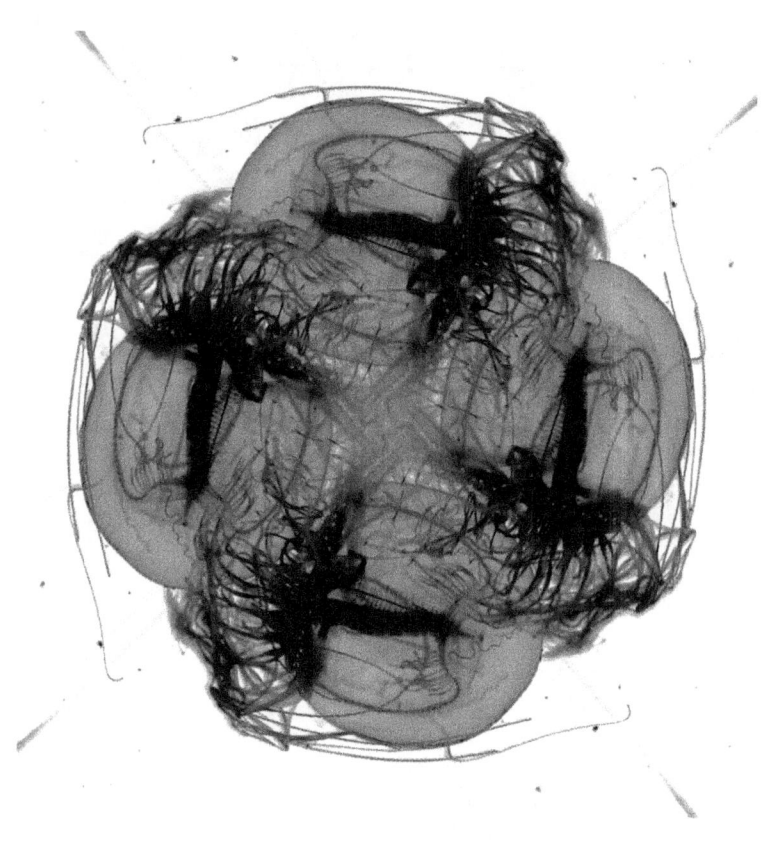

LA RÉVOLUTION COMME
MODE DE SURVIE

du pouvoir d'être idiot sans fin

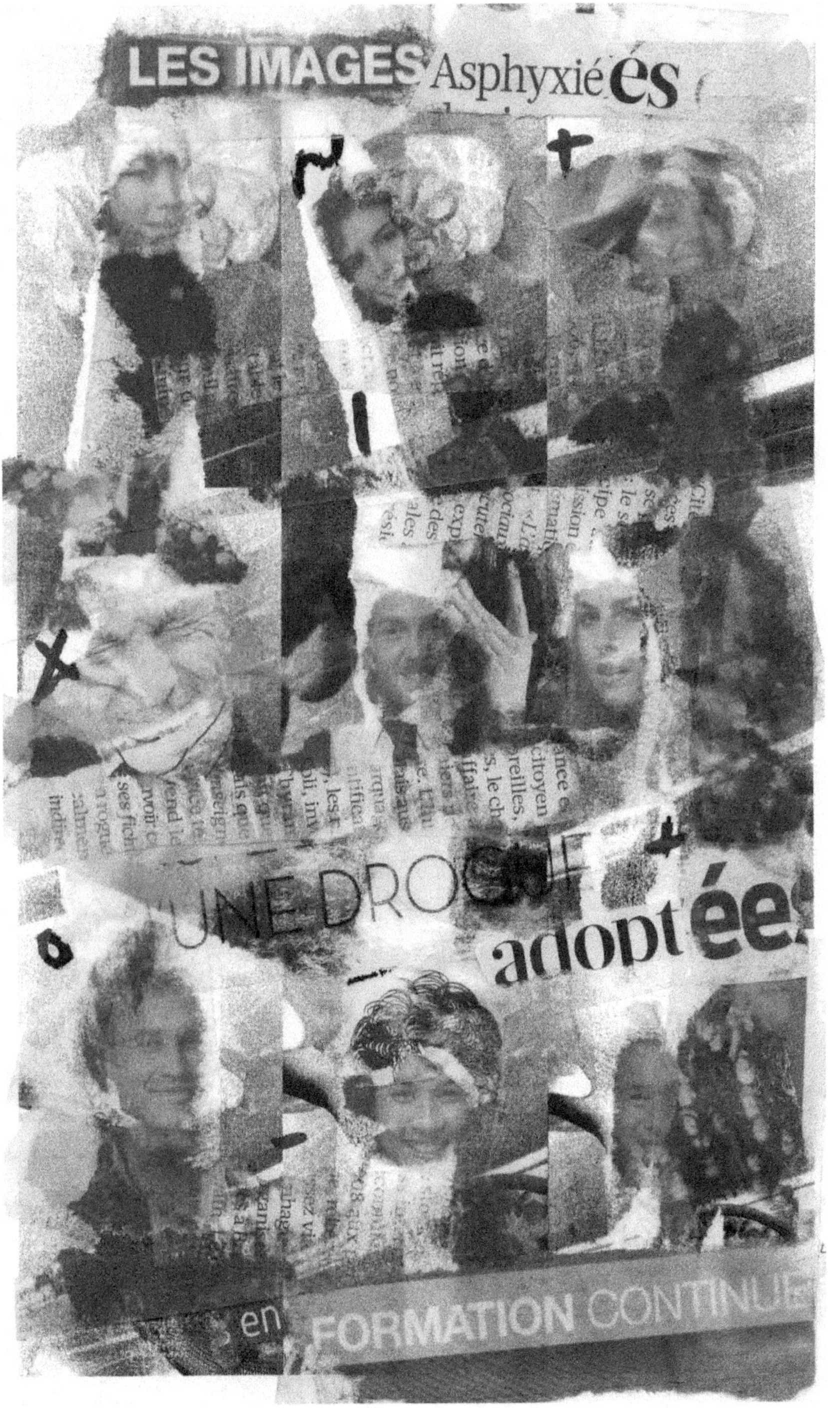
LES IMAGES
Asphyxiées
UNE DROGUE
adoptée
en FORMATION CONTINUE

OUVREZ LA !

Puisse chuchoter vous plaire

Celui qui parle. Immobilisé, à l'assise inconfortable, se tient ficelé et somnolant ; cogné par à-coups de persistances lointaines ; encres versées sur ses rétines ; à frotter les empreintes qu'elles ont laissées.

(traversé)

Quand le vous me vient à l'esprit, me vient-il aussi en plusieurs ondulantes. Ai gardé les portes ouvertes derrière vous pour voir en profondeur ces perspectives inversées ; à les rejouer de nouveau (pas les mêmes, pas vraiment) sans savoir si cet ancien perché sur la dernière marche (qui de plus haut voit mieux ; scrute le seul écart) pourrait m'affranchir d'une main à serrer fort.

Me sentir plein, un air chaud au pli des lèvres (quand de très loin, les yeux au sol roulent dans la pente).

Les pliures, les plis (les frères) les mêmes, à tant de lieux distanciés, et tout proches (à dire le ça trop vite) ; l'un près de l'autre dans la peur, l'un à une autre près ; les lèvres pincées de colères et les dents râpées

(ménagez-vous ! disent-ils).

Vous voir passées sans travers, droites aux bras mous, à ne voir et ne se revoir qu'à la fin (la dernière), sous les yeux expulsés, alors que se propulsent des organes saillants dans l'arrière fond de l'image.

(trop le doute) A rester longtemps dans l'incertain, à se perdre dans l'une en attaquant les murs (avec les seuls ongles), c'est cette autre qui s'étend d'un lourd fracas ; celui de l'éconduit, qui revient par épisode-fragment de soi, à ravaler (je tousse, me lève coincé peut-être. Se lever et saluer le dessein terminé).

Et là, encore, dans un trou, à se demander si pourquoi vous voir c'est ne pas savoir, si vous autres échappez au flou dispersé, quand les regards au travers la vitre sont épais, et que dans l'air à renifler ; enchaînées vous unes aux autres.

(le je chuchote enchevêtré)

Ai eu sucé (le je vautré) par-dessous les mots, vous noire, vous rouge et cette crème dégueulasse aux motifs rances.
Les lunes de biais, ces montres mécaniques cassées (il est tôt désormais) s'égarent dans des galaxies vibrantes aux paupières humectées.

(ça bouge)
Flottent comme glissées au sol d'une allure savonneuse ; les murs se resserrent ; les autres tombent en un fracas étouffé (le même) ; les tympans sonnent
(ai du sang noir dans les oreilles).

Isolées êtes-vous (et toujours ces mêmes motifs de tourment).
Jusqu'où s'étendre encore, à poursuivre dans ces boîtes à vif, à grignoter la langue pointée vers ce qui ne peut s'atteindre.
Tout tendu, le ferai avec certitude, la seule encore (encore en verticales affalées) ; l'œil creusé pour de bon.

Pas défigurées (non), au lointain, sans vous voir, pas suffisant juste suppliant dans les coins, pour des poupées mal emboîtées ; vous dans l'autre comme toujours, et les coudes plissés (là où ça déchire doucement), dans un calme repli, où sentir les pleurs, à ramasser les retombées du nuage parce qu'ils n'ont rien (vu).

Ce matin réel comme les autres, avant, puis après l'air visionnaire, ai arraché à vos yeux des coulures sans précédents, des larmes a priori déjà là (toujours). Une satisfaction, autre que le ciel bleuâtre, autre que cette eau qui tombe, ensoleillée au fond anthracite.

(et toujours ces murs rances dégoulinants)

Une certaine fatigue à repartir dans ce réveil sans lieu (n'est-ce pas qu'il se fait tard) ; se sortir de cette chevelure qui endort entre deux lignes floutées, à ce moment sans nom qui vous lève avec l'envie flagrante d'un café, d'une gorgée nocturne (il se fait tard vraiment).

(liste) ce qui reste, vitres à lécher espace marqué manqué vision saisissante lait instant ailleurs intérieur avorté tapissé mouvements incertains flotte refuge négligé absence contours imperceptibles flou air épais souffle poussière inhabitée effacement inconsistance des figures couleurs désuètes ce qui reste (encore) sans nom intérieur ébréché mare de café (en manque de vous)
et la joue rouge.

Ai bien vu quand le mur a bougé ; alors l'os brisé, me suis traîné dans le couloir vers vous pute joyeuse
(un air camouflé à tirer le monde sous vos draps, le dégorgée en pulpe ; juste de l'herbe aux ongles, celle qui pique le nez)
le jour, ce même, où à filer passe muraille, à effiler cet intérieur entre les doigts, à égrainer un temps soumis au désir de vous voir rayée, cabossée, sans mentir, telle quelle à choir dans cet écart que j'ignore

(et le je revient en saccades).
Une fable, de celles qu'ils nous dictent. Mais pour qui vous recueillir. Et ce pied tendu, vers quoi ; pour un barreau d'échelle qui s'émousse vainement ; la carne pâle, le torse brossé. Et tardivement s'applique le reste le vous, le même, l'œil terreux et le pied meuble qui arpentent l'entre de mes deux oreilles.

Tout à décroire en vous ;
vous emmiellée, vous teigneuse, aux coulures séchées qui gouttent encore. Aussi le long de la plinthe, la panse arrachée, transparentes à se fondre aux murs tragiques ; quand sur les dents se cogne une langue fébrile.
La fin est telle que vos doigts muets croupissent entre mes orteils, le cul sur un air tiède et poisseux.

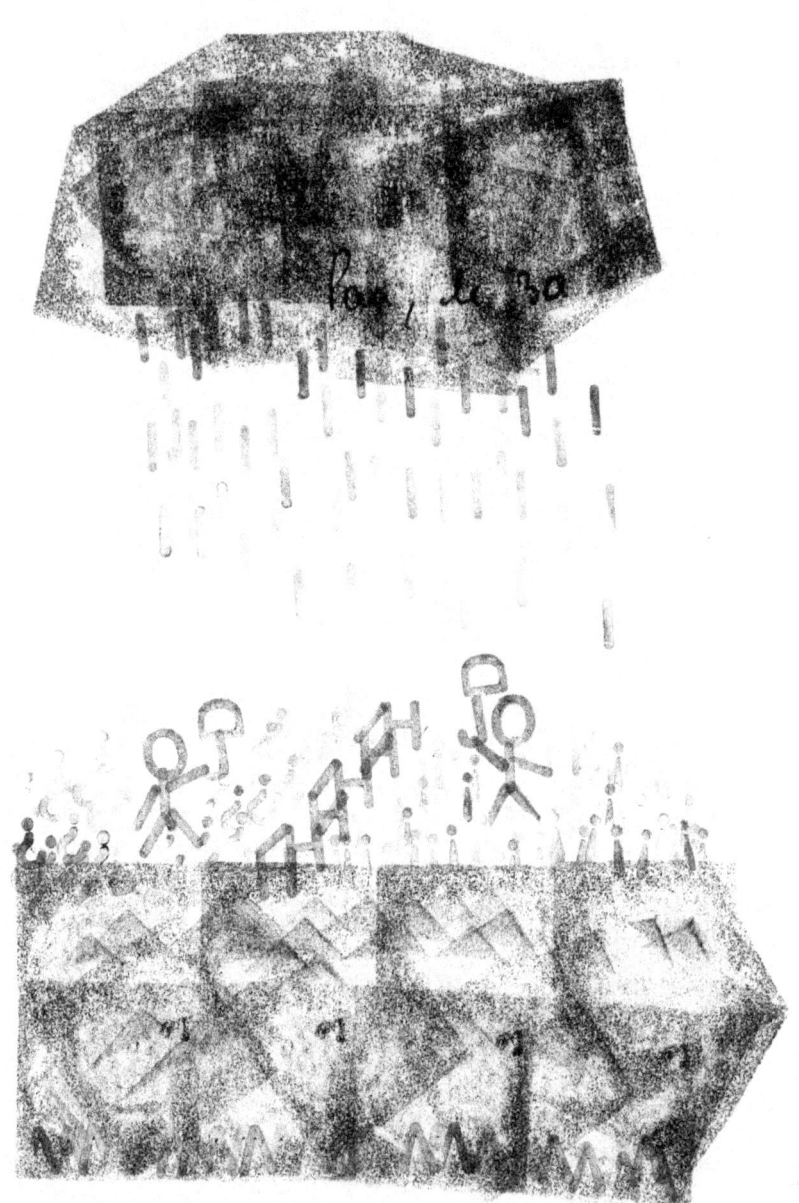

```
        I
        N
     V  D  A
        E  R
        S
```

l'élitisme est à la connaissance
ce que le capitalisme
est à / économie

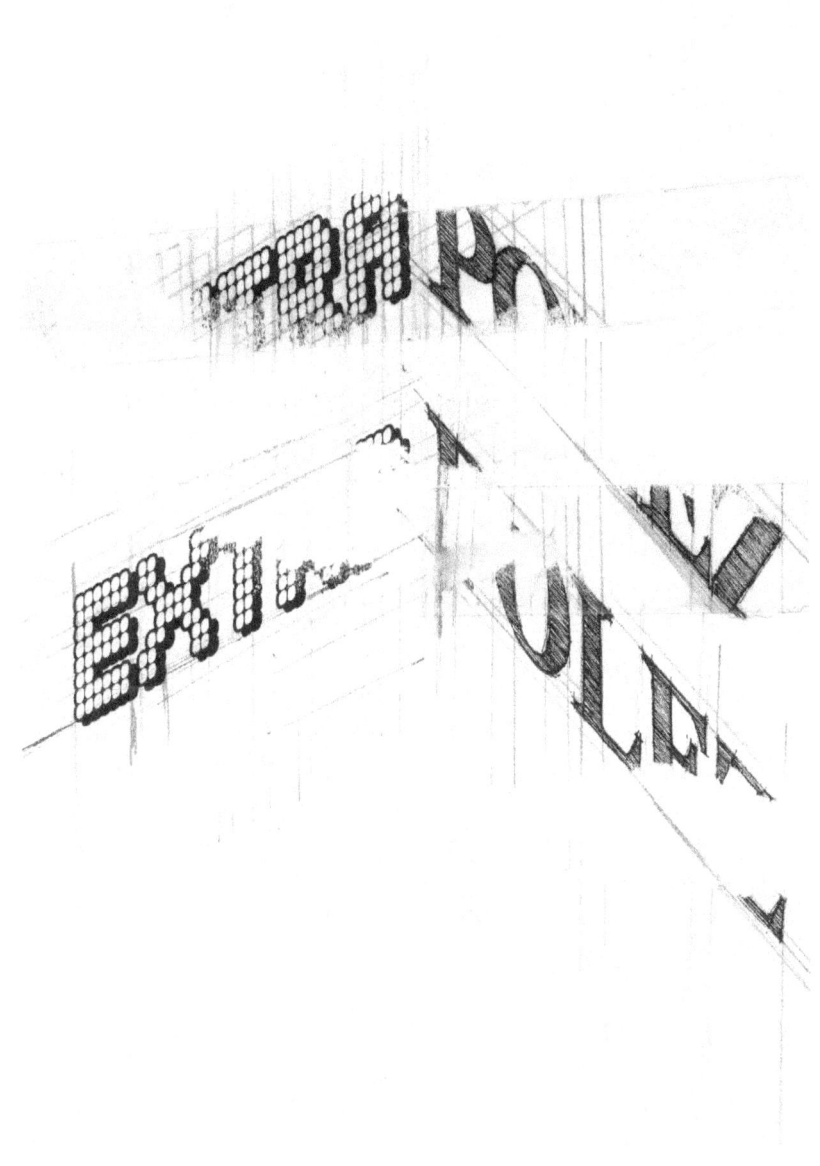

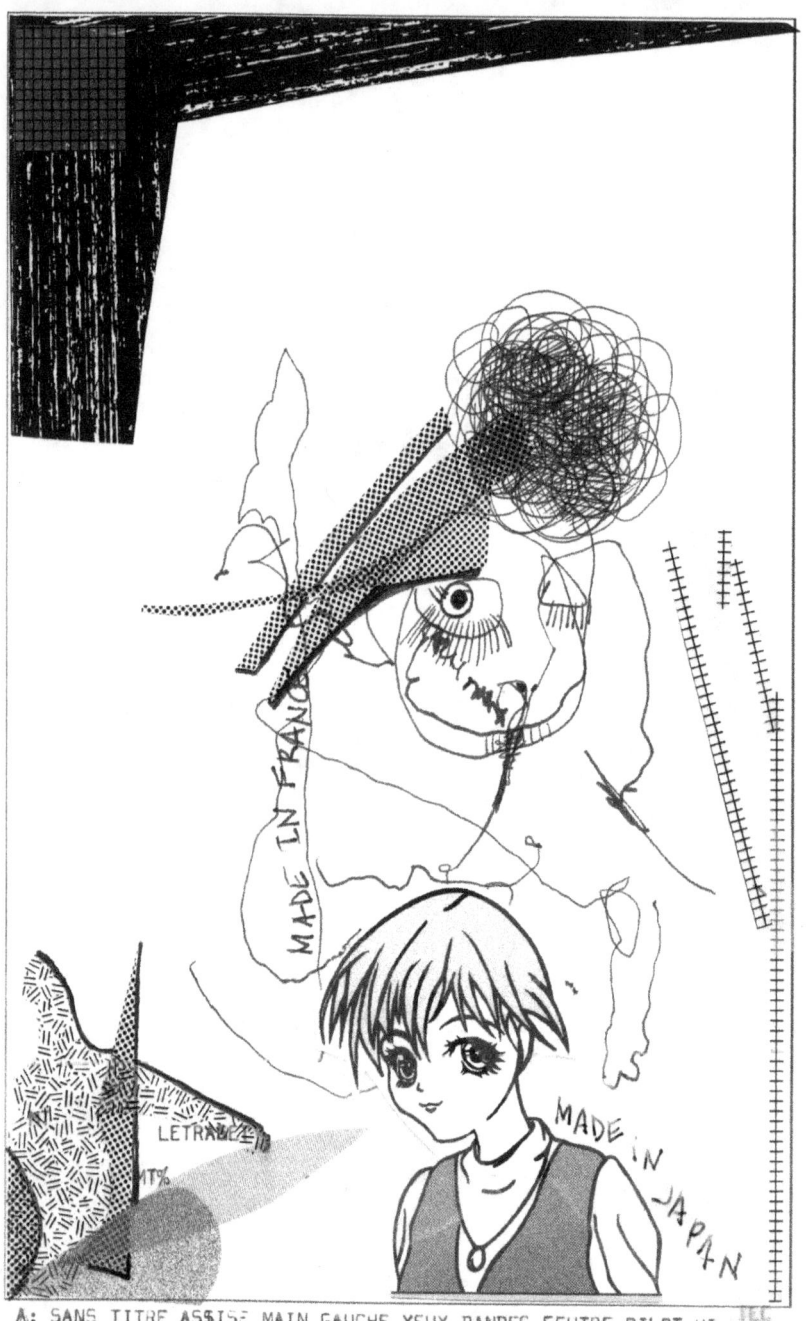

A; SANS TITRE ASSISE MAIN GAUCHE YEUX BANDES FEUTRE PILOT HI-

POINT V7 Grip LETRASET Screen-Tone MT995 MT83 MT305MT4 CISEAU

mesure linéaire

cachée, portée

message discret : le progrès

légion en Langue

est malin, un vieux

ridicule ; dénonçons

revanche, après

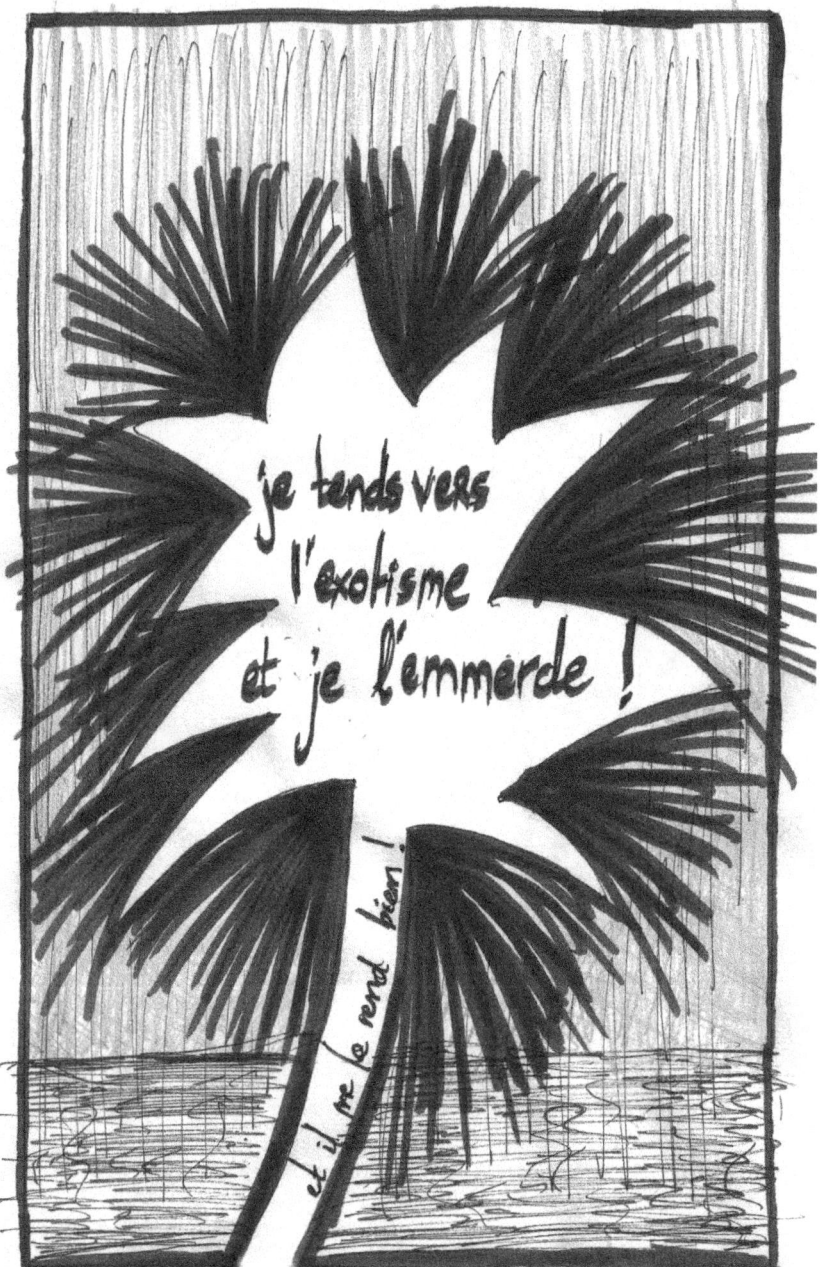

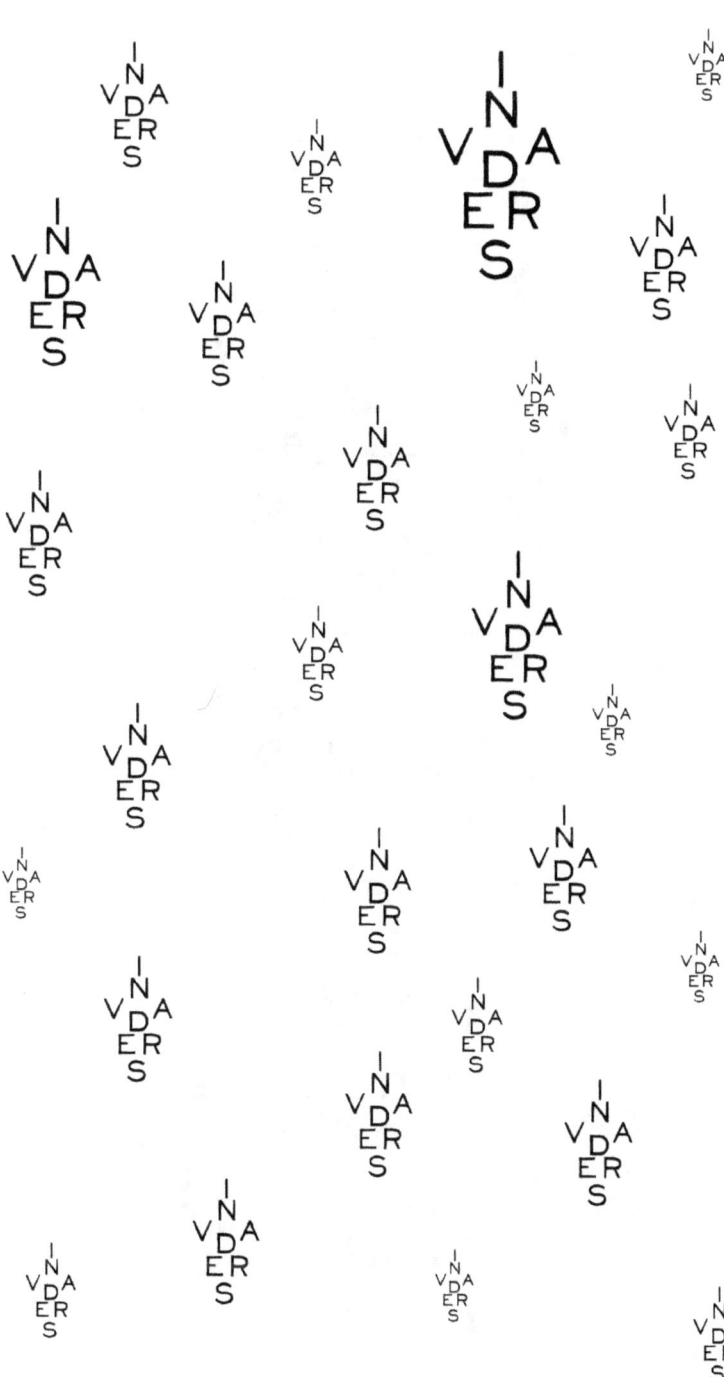

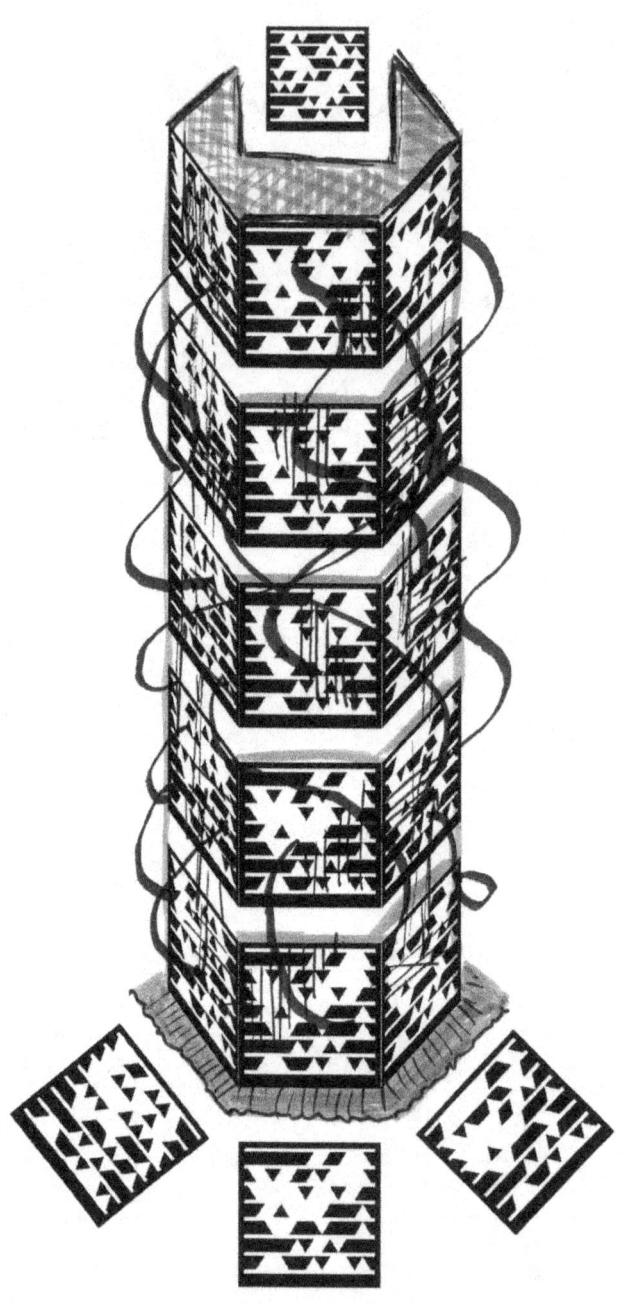

r
j
s
l
t
f
moi
k
d
z
p
n
b
v

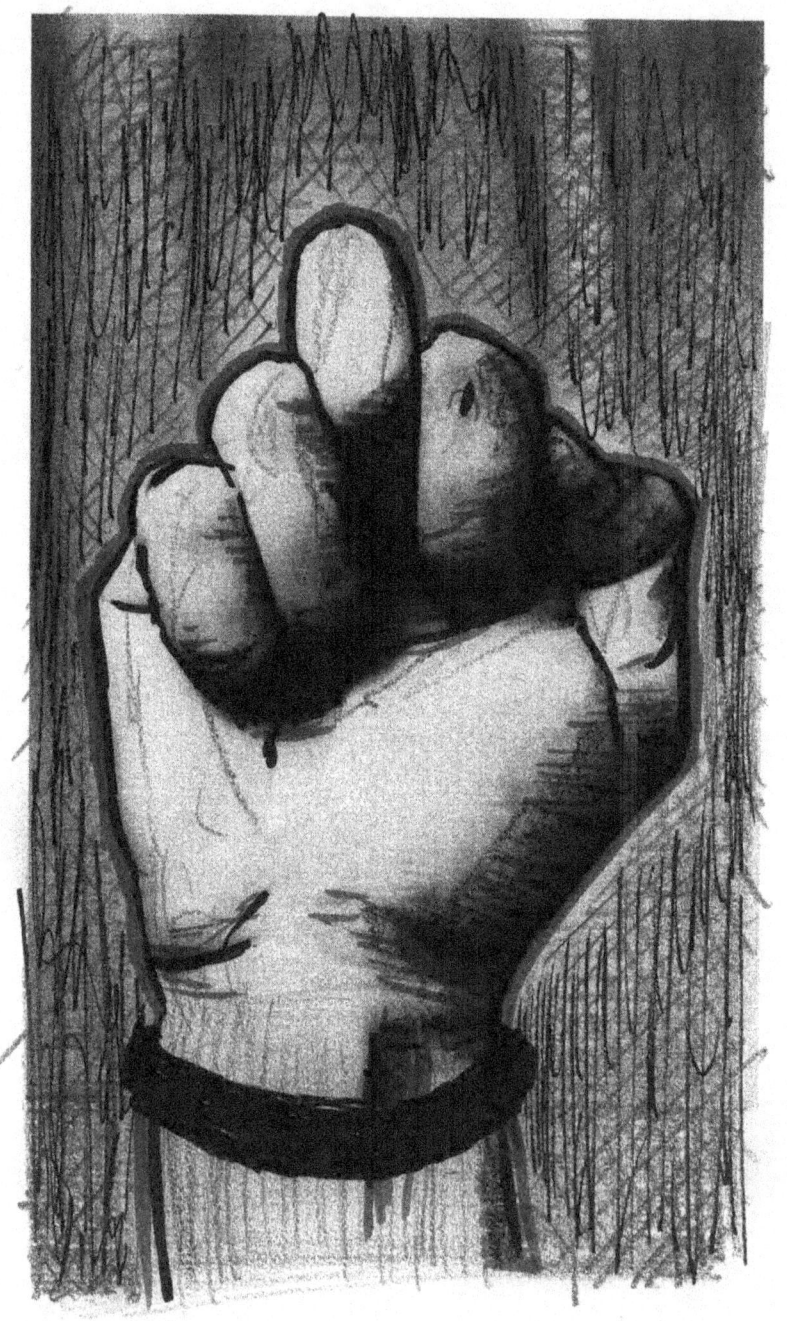

on est beau

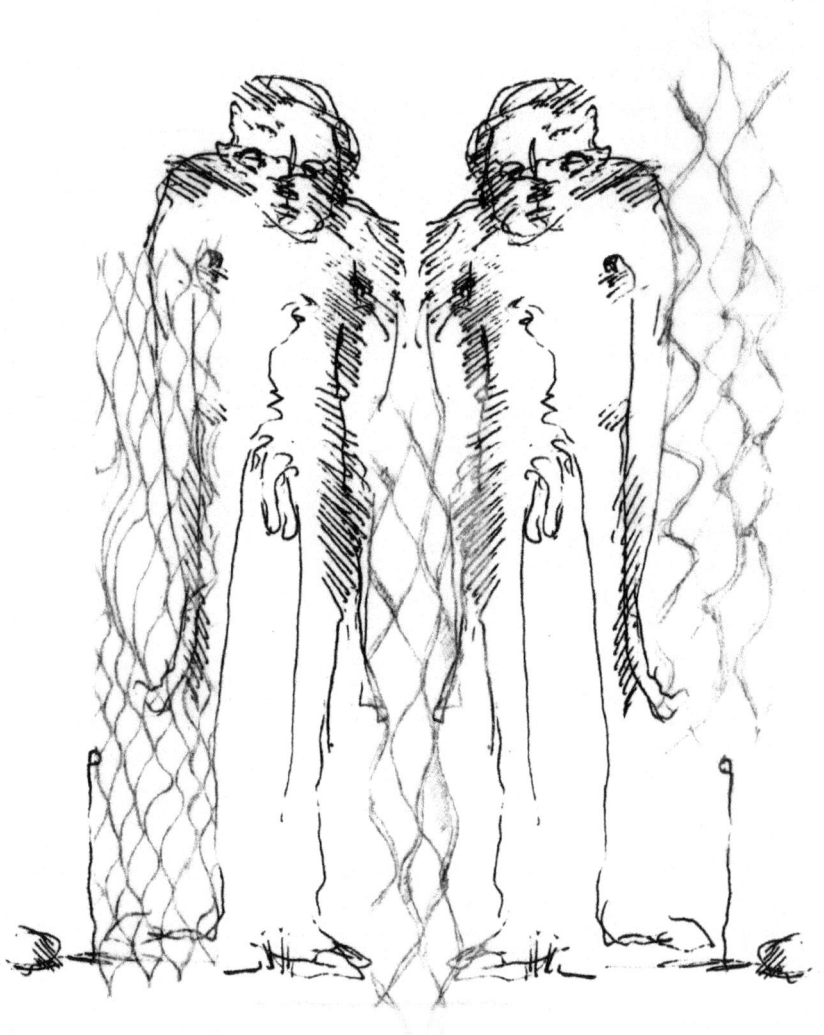

JE VOUS HAIS TOUS SAUF TOI

l'anarchie dans ma tête, l'anarchie dans mon lit
l'anarchie sur ma feuille, l'anarchie dans mon slip
l'anarchie dans ses   l'anarchie haut
chaussures   et fort

L'ANARCHIE

L'ANARCHIE EN SE LEVANT

L'ANARCHIE AVANT DE SE COUCHER

L'ANARCHIE EN DORMANT

L'ANARCHIE DEBOUT

L'ANARCHIE PARTOUT

L'ANARCHIE SURTOUT

L'ANARCHIE DANS LA RUE

L'ANARCHIE DANS LES PAQUERETTES

L'ANARCHIE SUR TOUS LES TOITS

L'ANARCHIE CONTRE LE VENT

L'ANARCHIE ENCORE SUR TOI

L'ANARCHIE SUR TA GUEULE

L'ANARCHIE DANS TA BOUCHE

L'ANARCHIE SUR SA FAMILLE

L'ANARCHIE SUR LE MONDE

L'ANARCHIE SA VIE

l'anarchie les jambes en l'air, l'anarchie dans mes
idées, l'anarchie sur la police, l'anarchie sur
les limites, l'anarchie sans limite, l'anarchie dans
le vide, l'anarchie dans la merde l'anarchie sur l'anarchie.

Annonce : Fait faire sans prescription à celui qui veut bien.

la vie d'ma mère s'est arrêtée là, là juste à l'endroit d'où je te parle pas ici ou là mais juste à ce point là et ce jour là pas un autre jour un lundi ou un mardi, non non, ce jour là et pas un autre et pas à n'importe quelle heure non plus à ce moment là pas une minute avant ou après juste à ce moment là à la seconde prés juste ce jour là à cet endroit là d'où je te parle. Elle s'est arrêtée là la vie d'ma mère. Ça aurait pu être ailleurs, en Italie ou à la Bourboule dans l'ascenseur entre deux étages ou dans sa voiture, ou celle d'un autre, au théatre ou au rayon surgelés du Miniprix, non non elle est tombée là à cet endroit là, là précisément, ici, juste là, l'endroit même d'où je te parle, tombée comme ça là sans même se douter que ce serait ce moment là précisément.

pas une minute avant ou après.

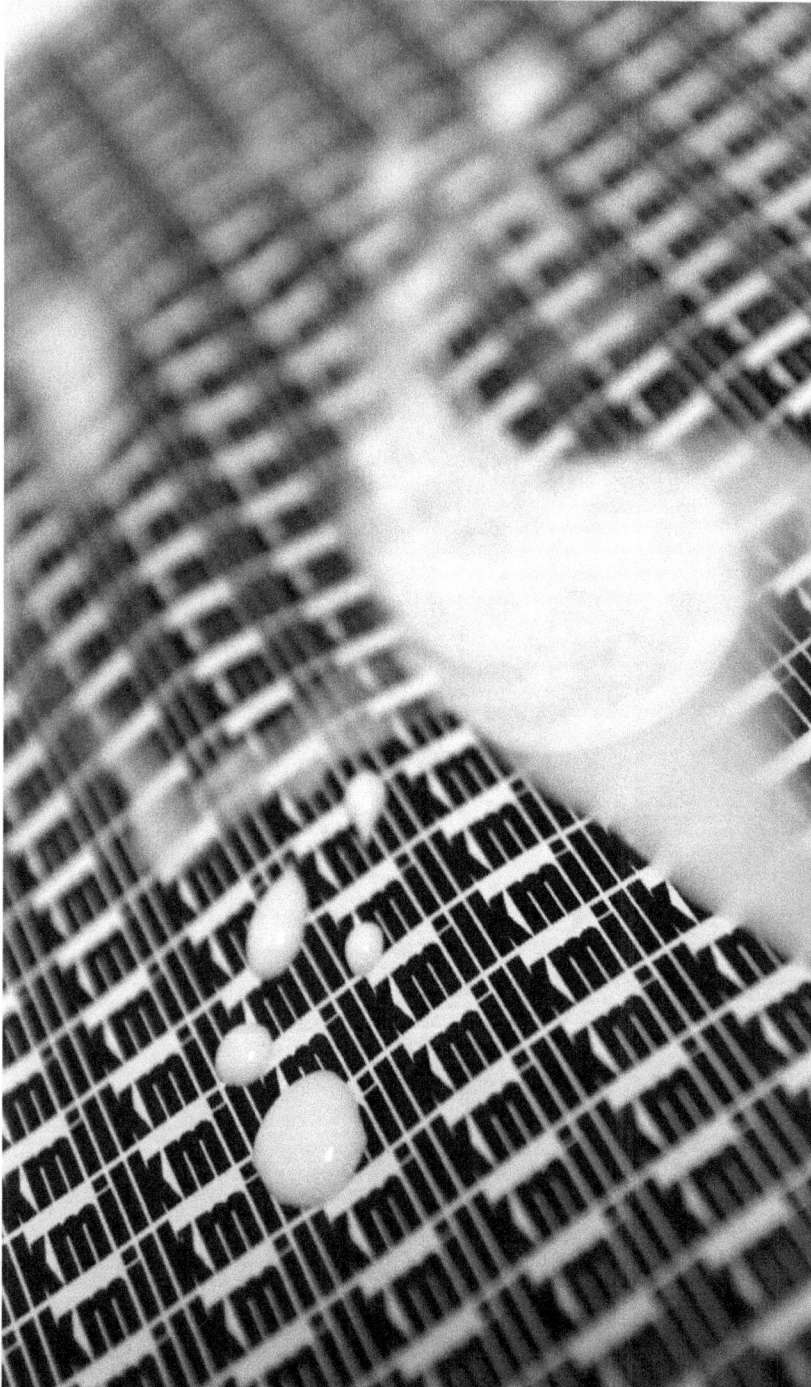

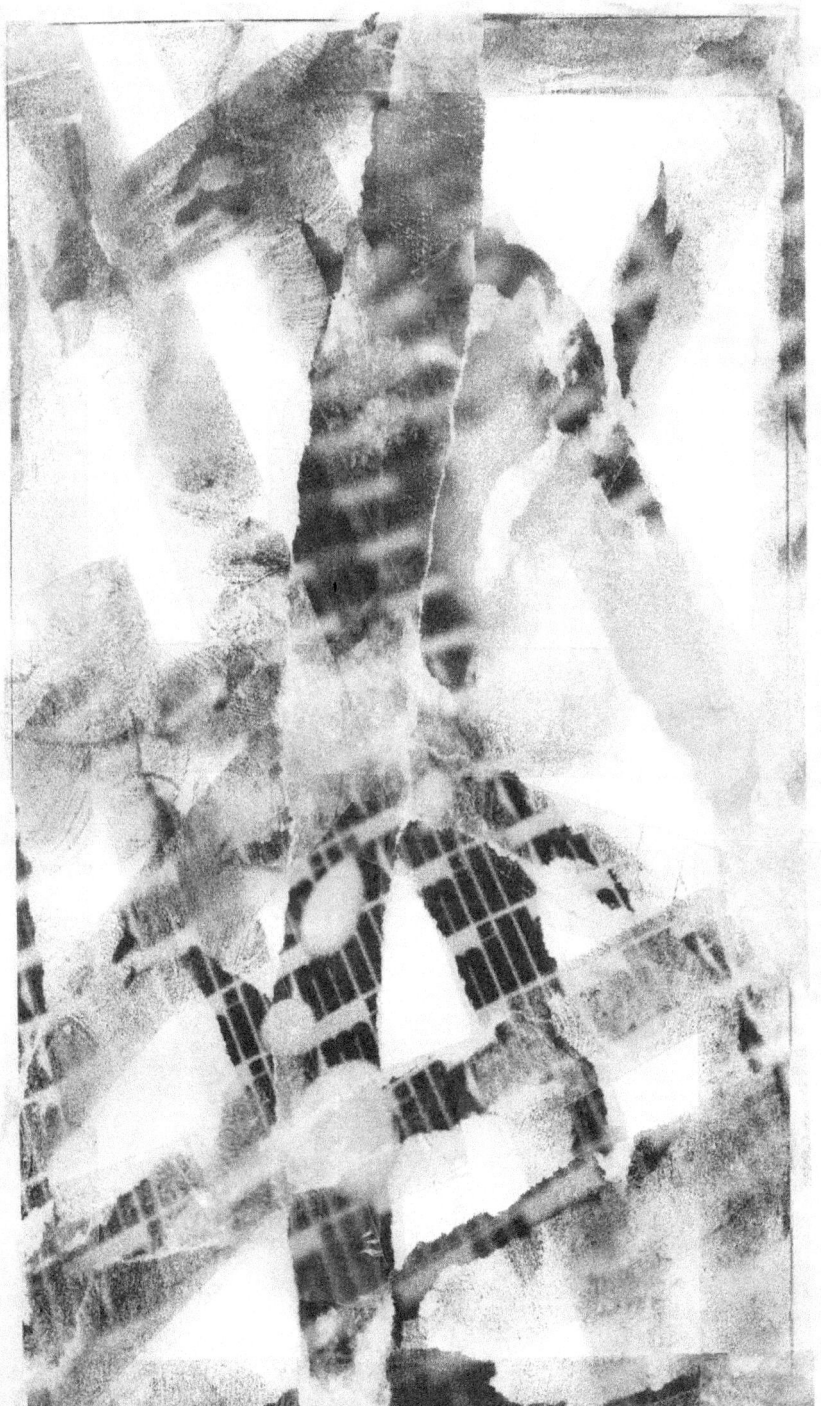

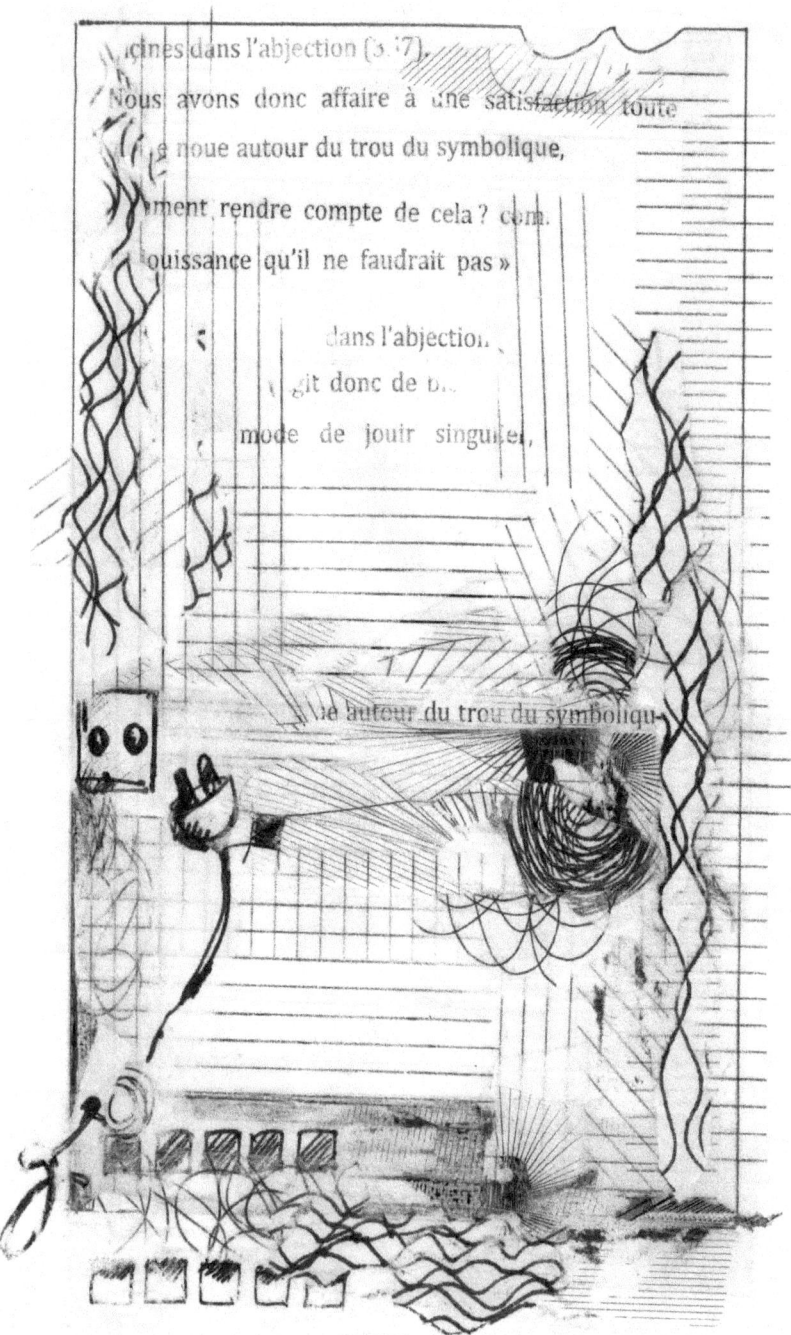

cines dans l'abjection (3.7).

Nous avons donc affaire à une satisfaction toute

e noue autour du trou du symbolique,

ment rendre compte de cela ? com.

ouissance qu'il ne faudrait pas »

dans l'abjection

git donc de b...

mode de jouir singulier,

e autour du trou du symbolique

lister les tas de roulures marchantes
trop ras le bitume
les pieds plastiqués ; ils n'existent pas

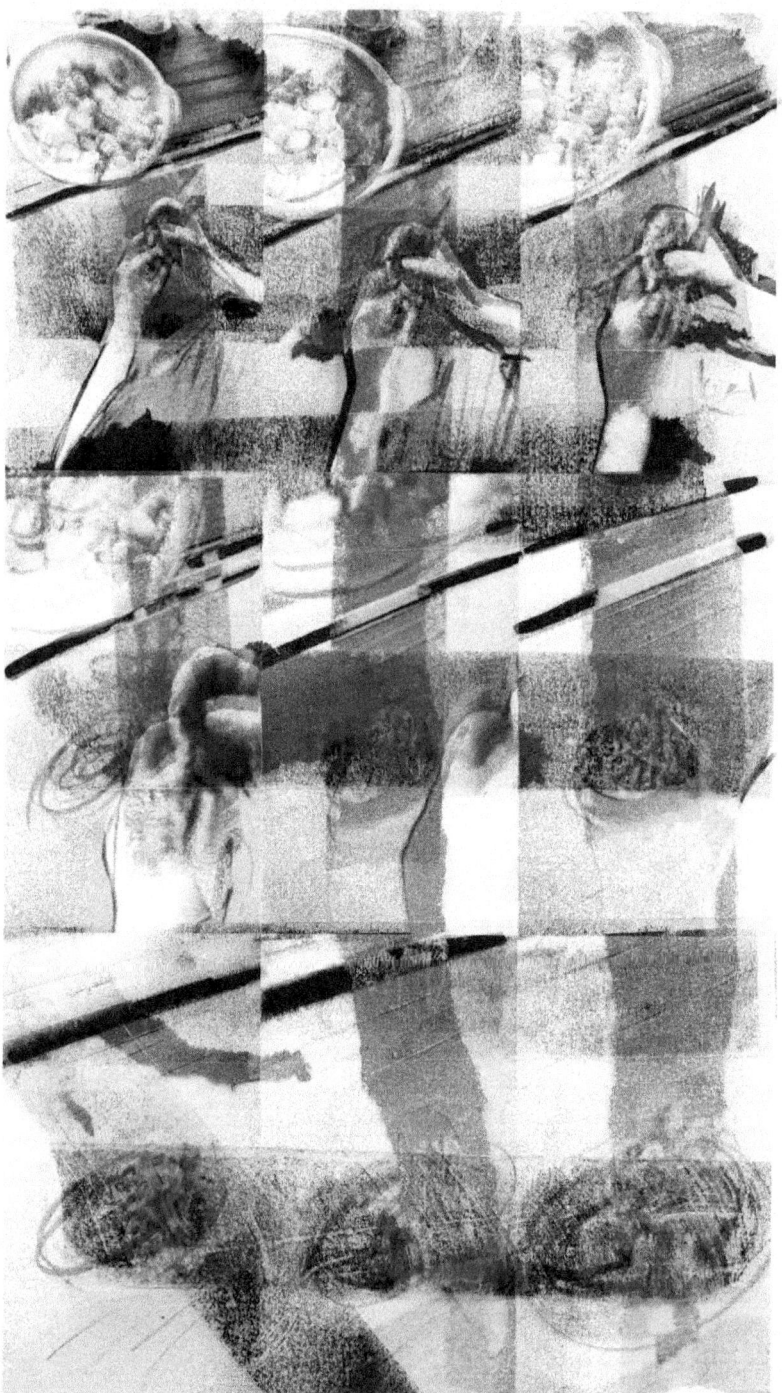

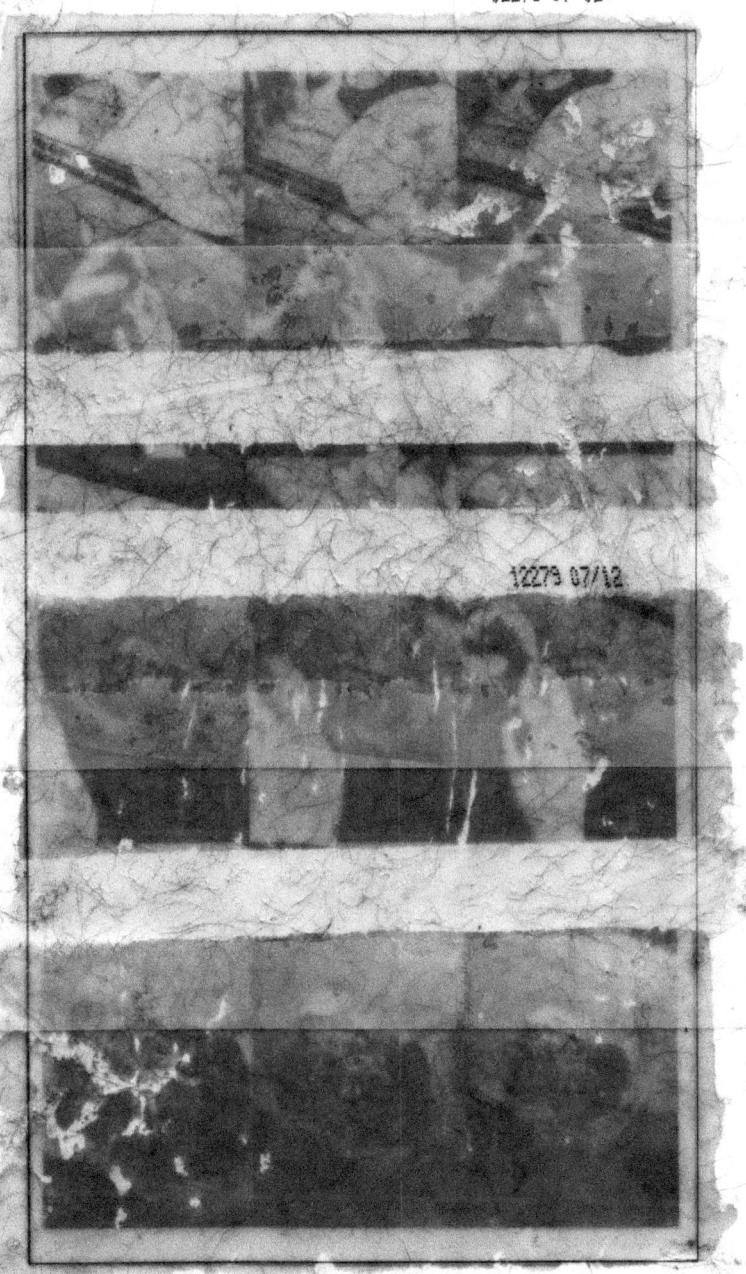

12273 07/12

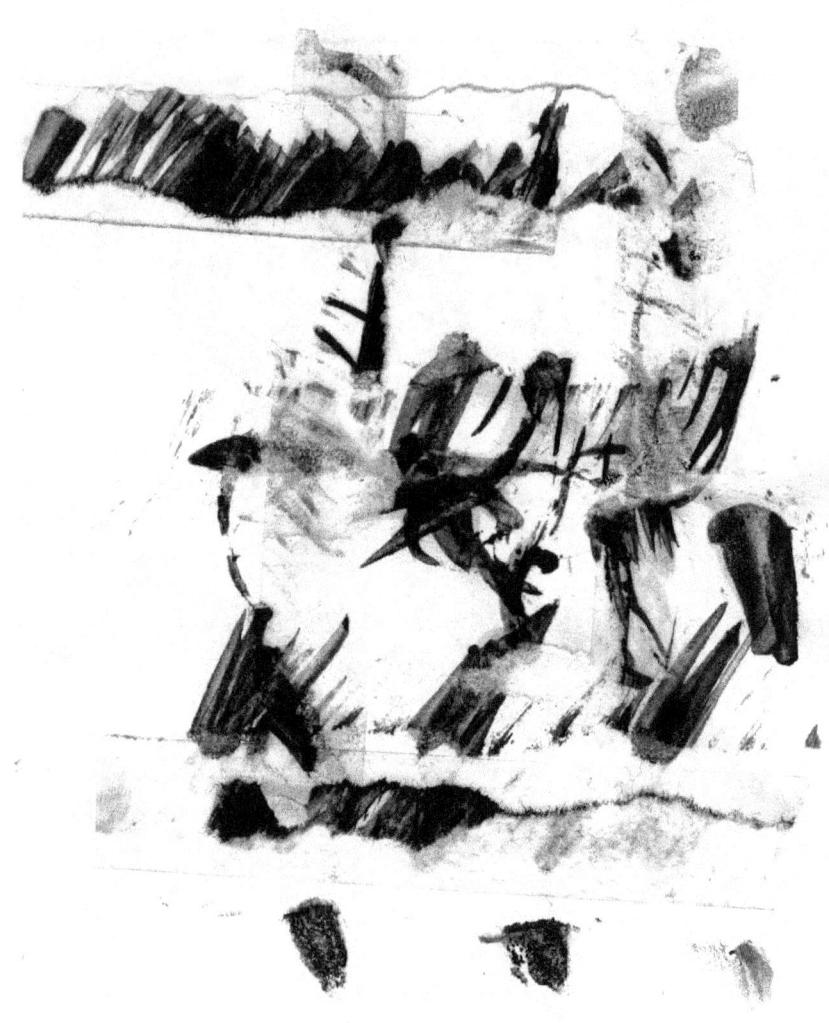

SI YA DES
DESSINS
DANS LES
COINS
TOUT VA
BIEN

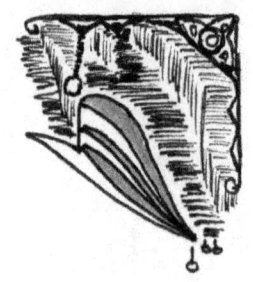

OUF !

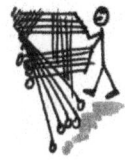

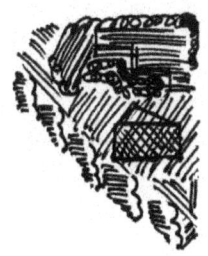

CA VA MIEUX

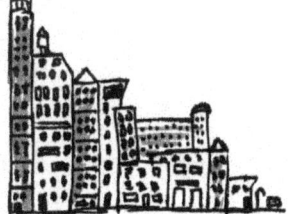

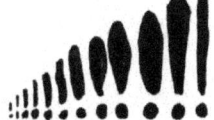

les failles temporelles sonporelles sont
partout mais pas tout le temps

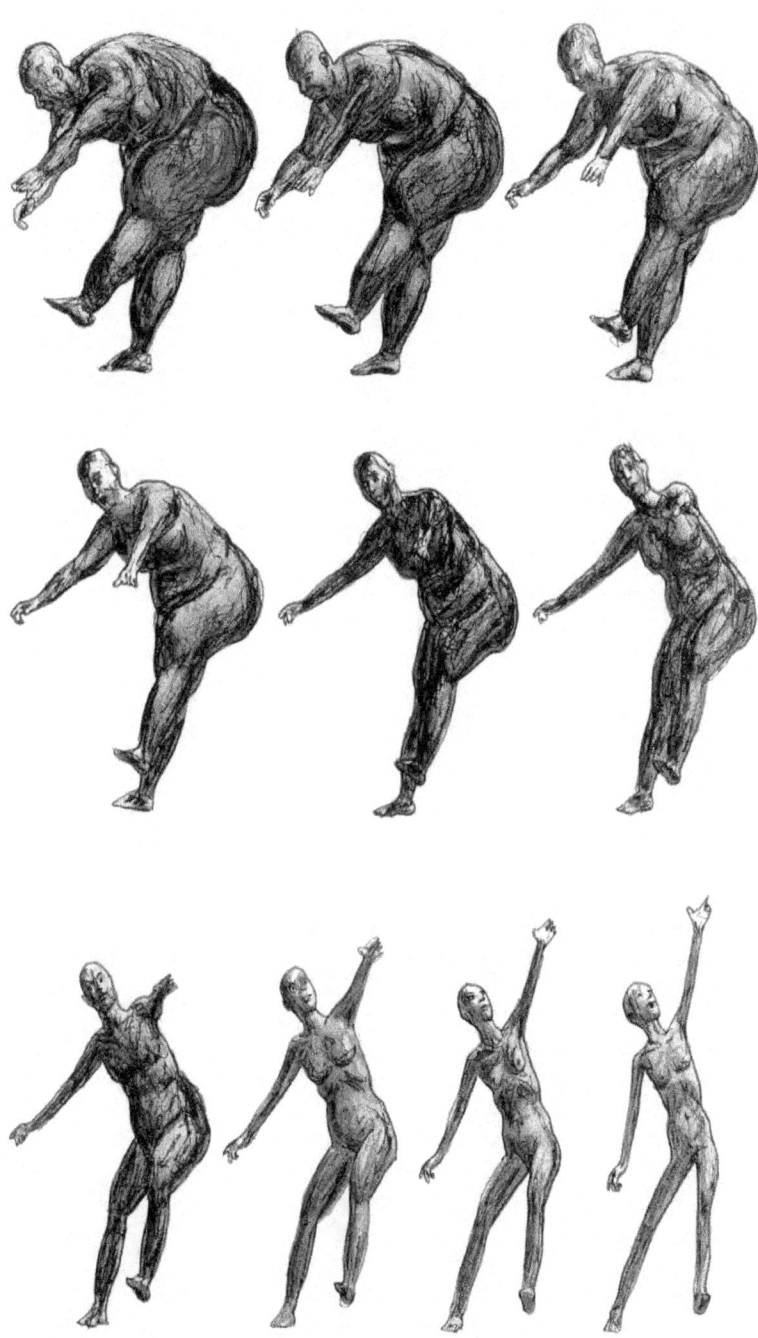

SCENARIO POUR UN SOURD ET UN MUET

ON M'A DIT DE ME
FAIRE PETITE. JE
ME FAIS PETITE. ET
APRÈS SUIS PETITE.
UNE PETITE GARS
UN GARÇON PETITE.

SUIS AMOUREUX DE
CETTE PETITE
GARÇON UNE PETITE
FOIS ENCORE

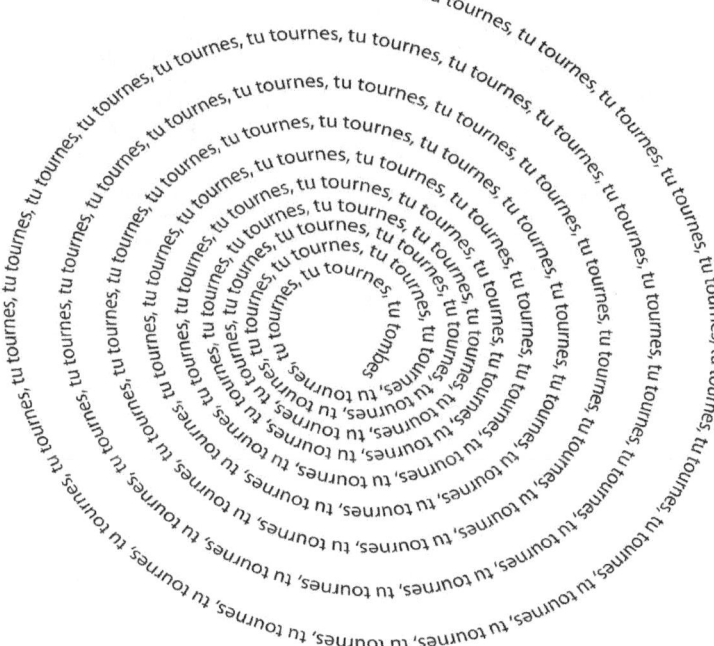

quand tu tournes, tu tournes

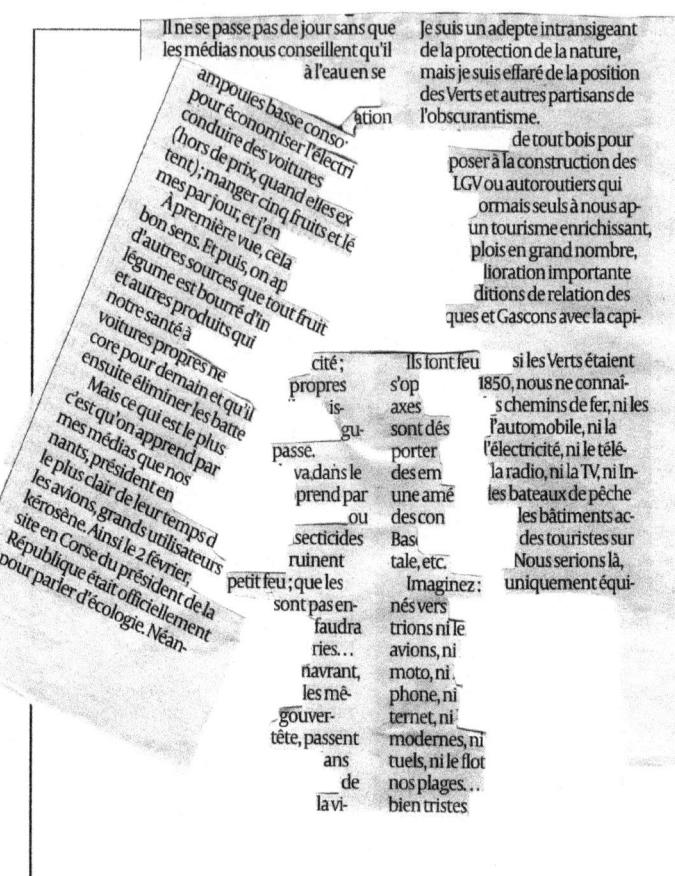

Il ne se passe pas de jour sans que les médias nous conseillent qu'il ... à l'eau en se ...

Je suis un adepte intransigeant de la protection de la nature, mais je suis effaré de la position des Verts et autres partisans de l'obscurantisme.

ampoules basse conso... pour économiser l'électri... conduire des voitures (hors de prix, quand elles ex... tent); manger cinq fruits et lé... mes par jour, et j'en...

À première vue, cela... bon sens. Et puis, on ap... d'autres sources que tout fruit... légume est bourré d'in... et autres produits qui... notre santé à... voitures propres ne... core pour demain et qu'il... ensuite éliminer les batte... Mais ce qui est le plus... c'est ce qu'on apprend par... mes médias que nos... nants, président en... le plus clair de leur temps d... les avions, grands utilisateurs... kérosène. Ainsi le 2 février,... site en Corse du président de la... République était officiellement... pour parler d'écologie. Néan-

... de tout bois pour poser à la construction des LGV ou autoroutiers qui ...ormais seuls à nous ap... un tourisme enrichissant, plois en grand nombre, lioration importante ditions de relation des ...ques et Gascons avec la capi-

cité; propres is- gu- passe. va, dans le prend par ou secticides ruinent petit feu; que les sont pas en- faudra ries... navrant, les mê- gouver- tête, passent ans de la vi-

Ils font feu s'op axes sont dés porter des em une amé des con Bas... tale, etc.

Imaginez: nés vers trions ni Te avions, ni moto, ni. phone, ni ternet, ni modernes, ni tuels, ni le flot nos plages... bien tristes

si les Verts étaient 1850, nous ne connaî- s chemins de fer, ni les l'automobile, ni la l'électricité, ni le télé- la radio, ni la TV, ni In- les bateaux de pêche les bâtiments ac- des touristes sur Nous serions là, uniquement équi-

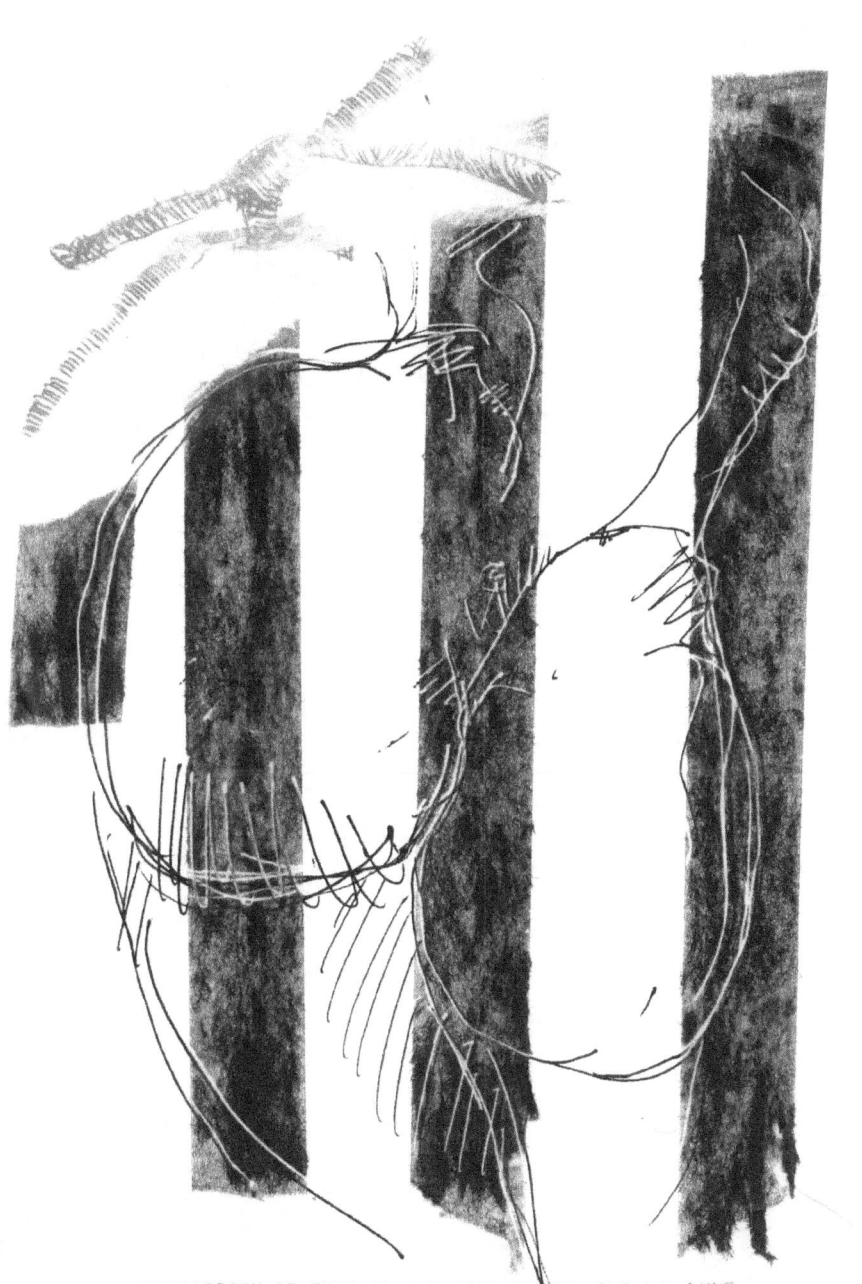

PROPOSTION DE TRAVAIL A DANIEL BUREN, SUR LA LUNE

évitez absolument l'impératif !

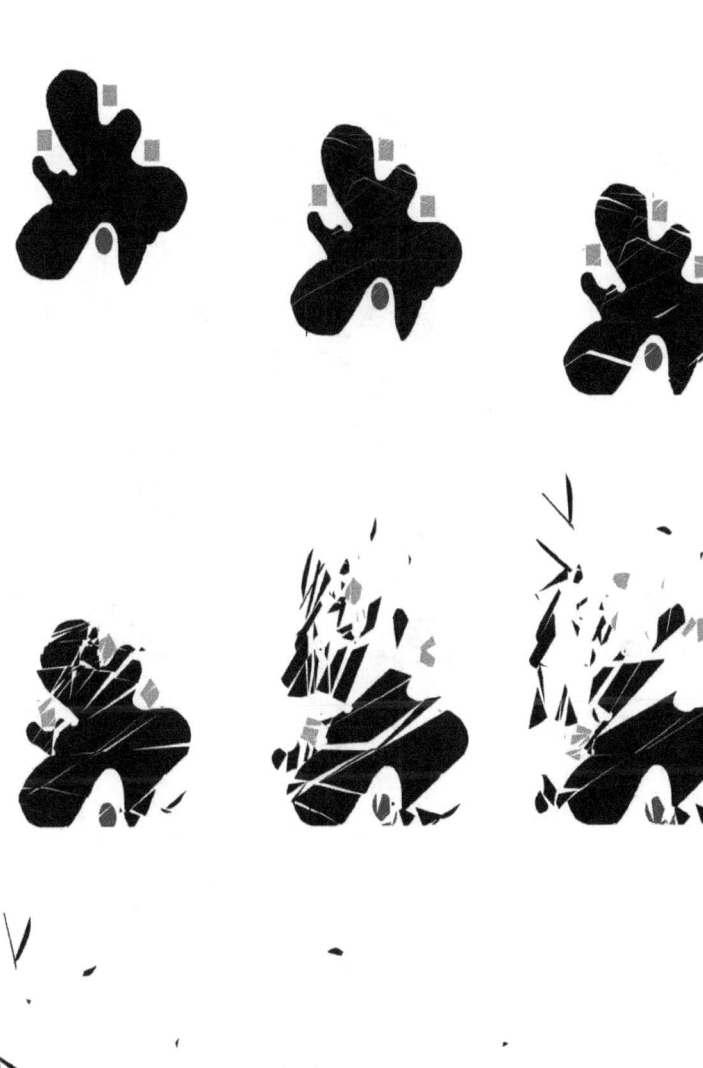

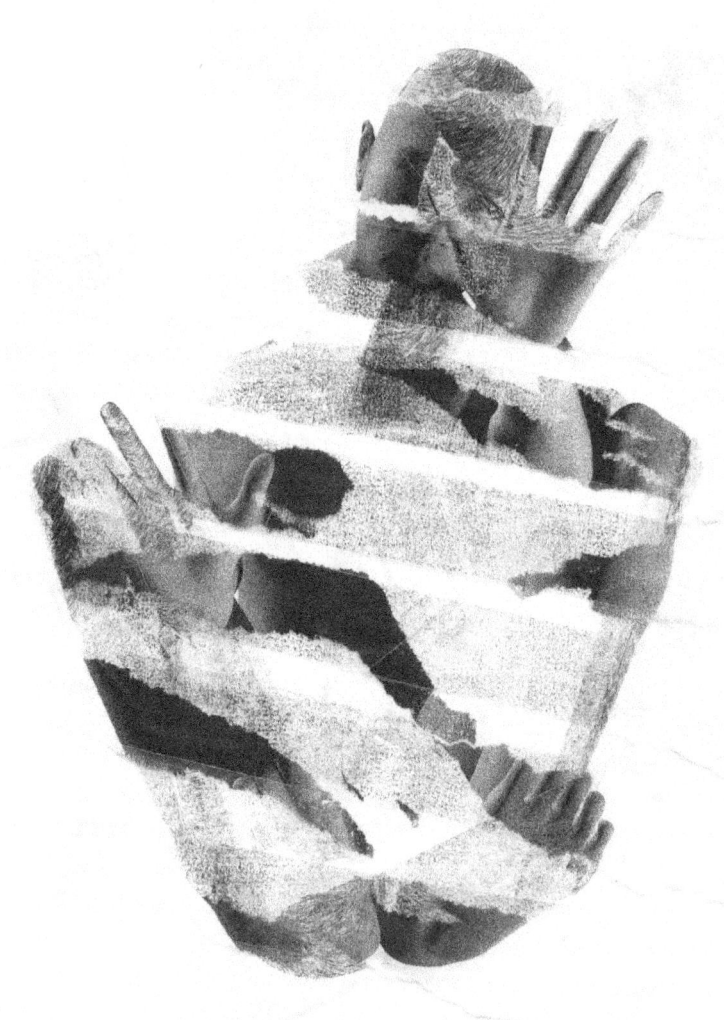

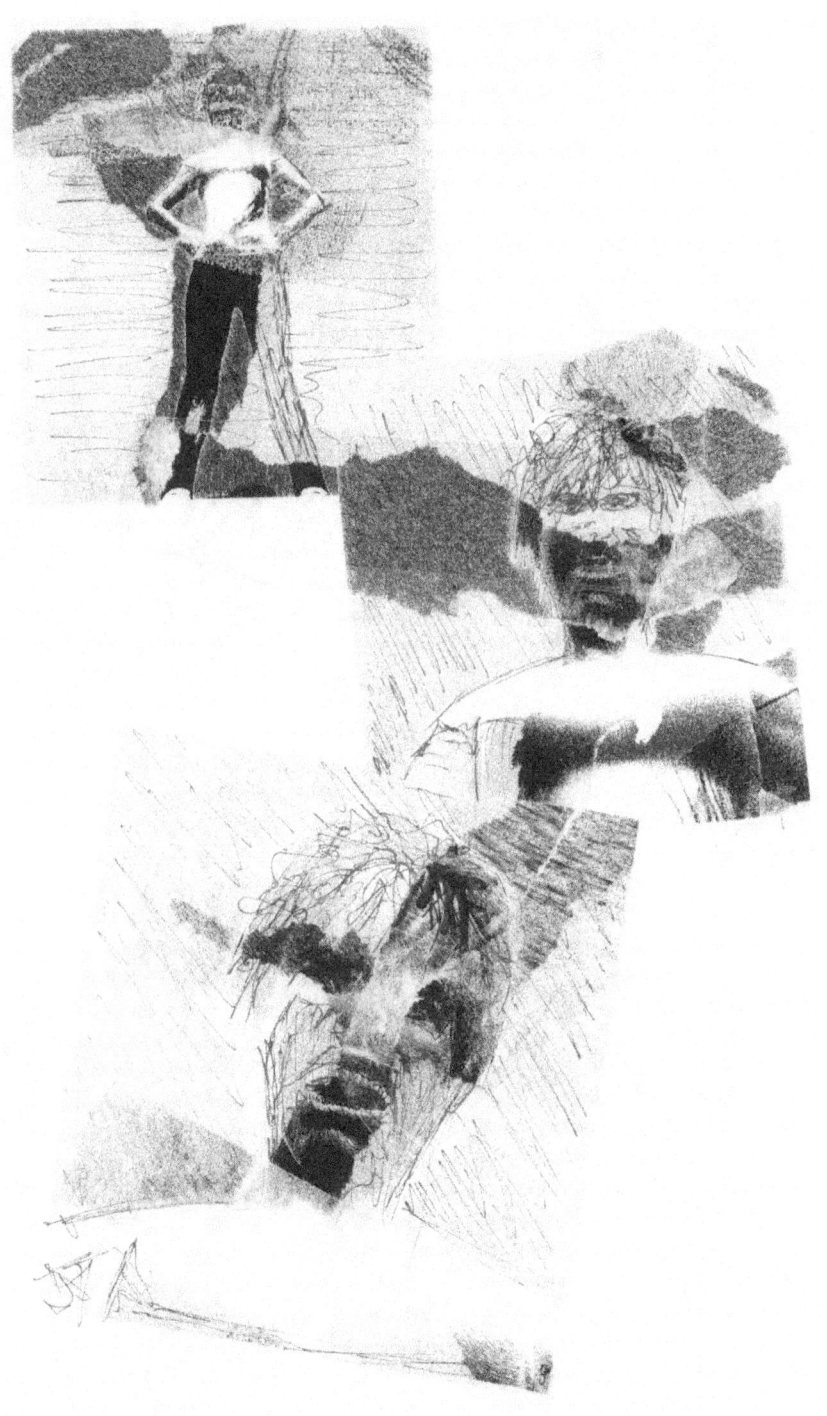

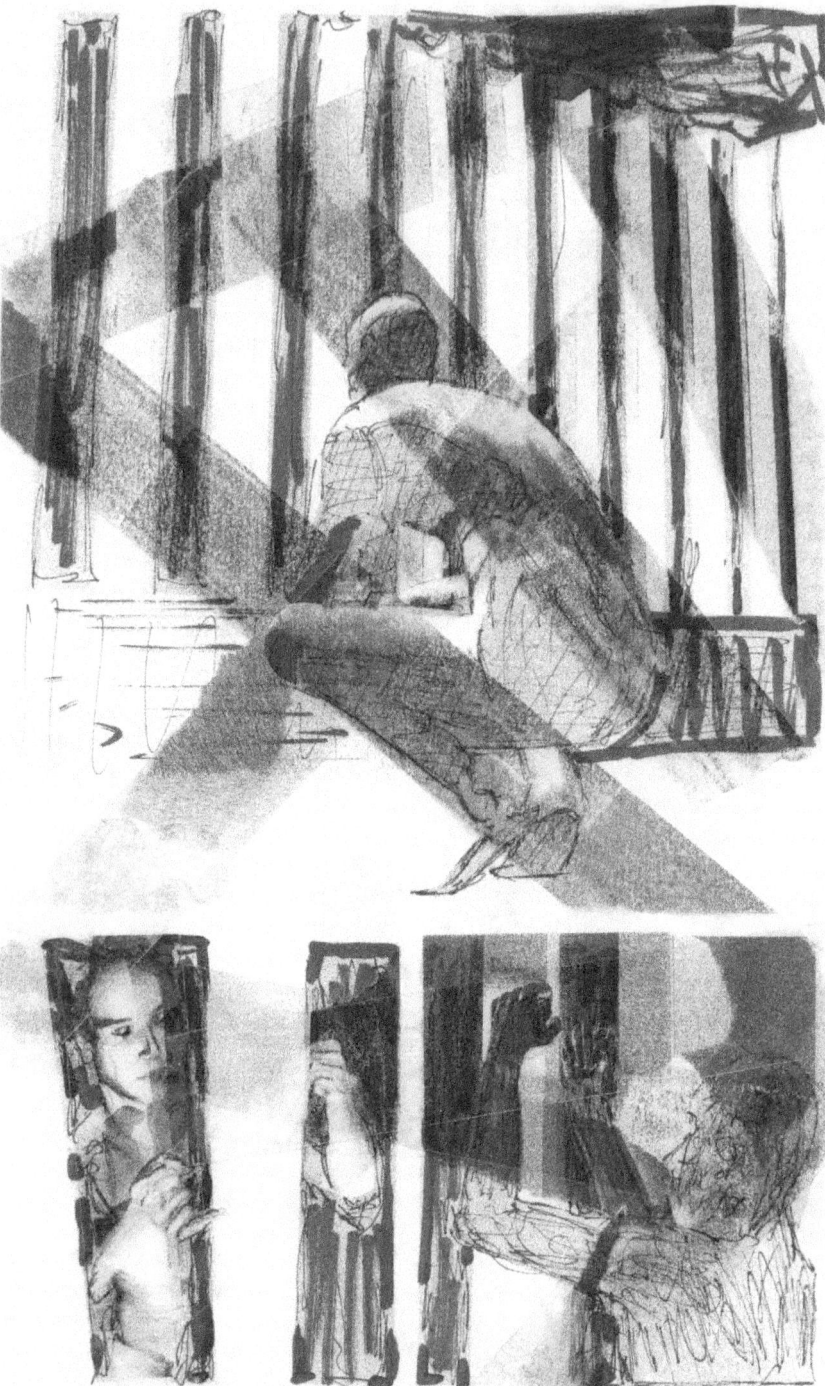

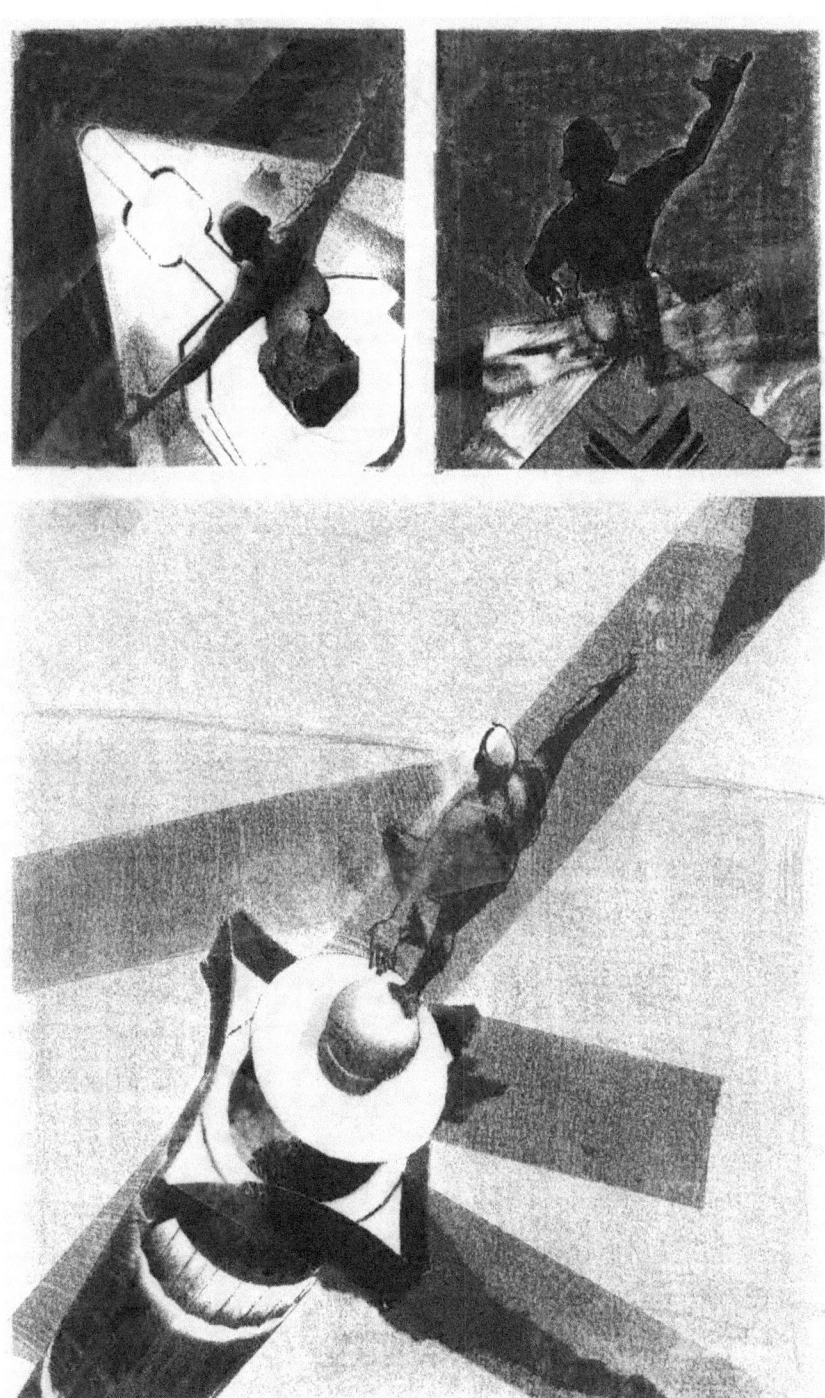

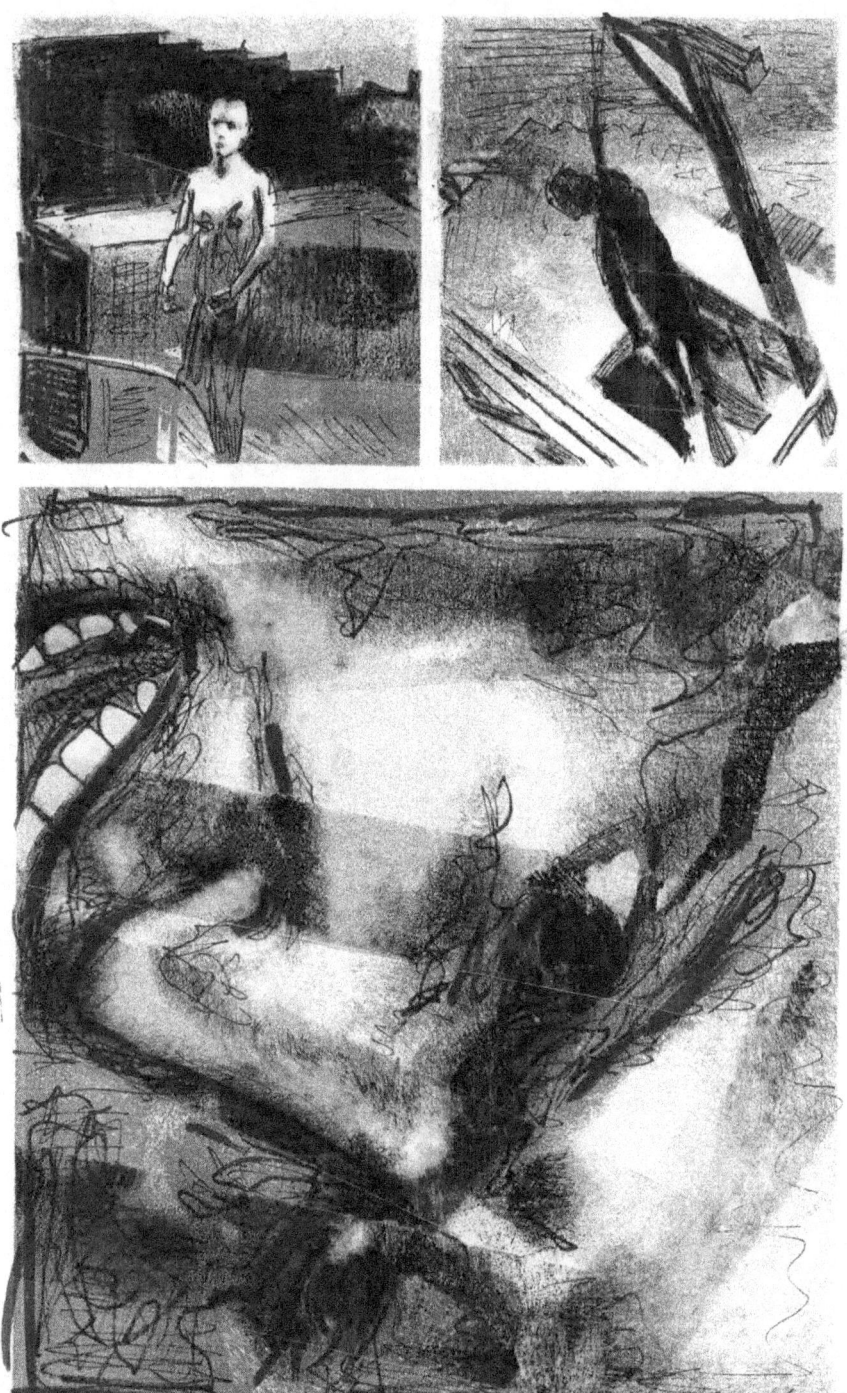

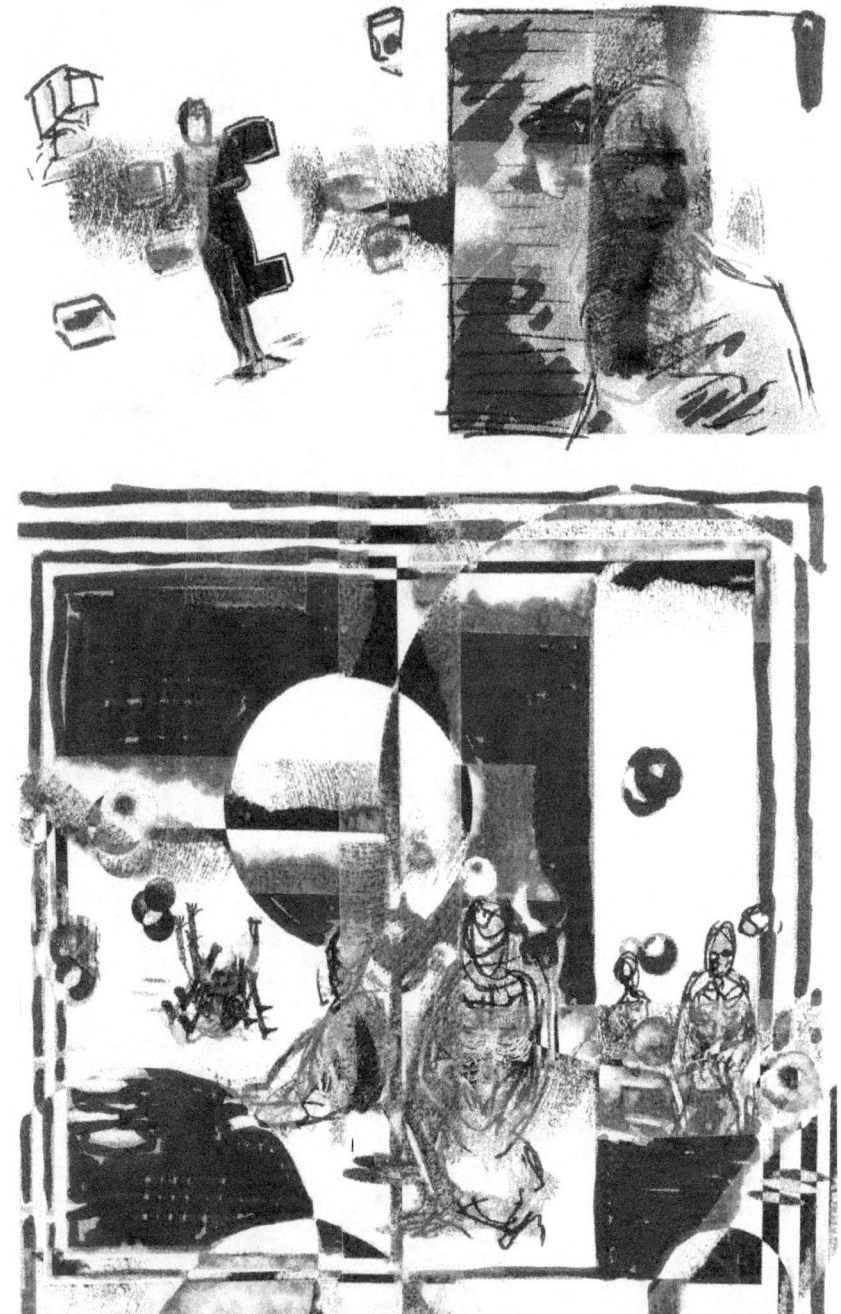

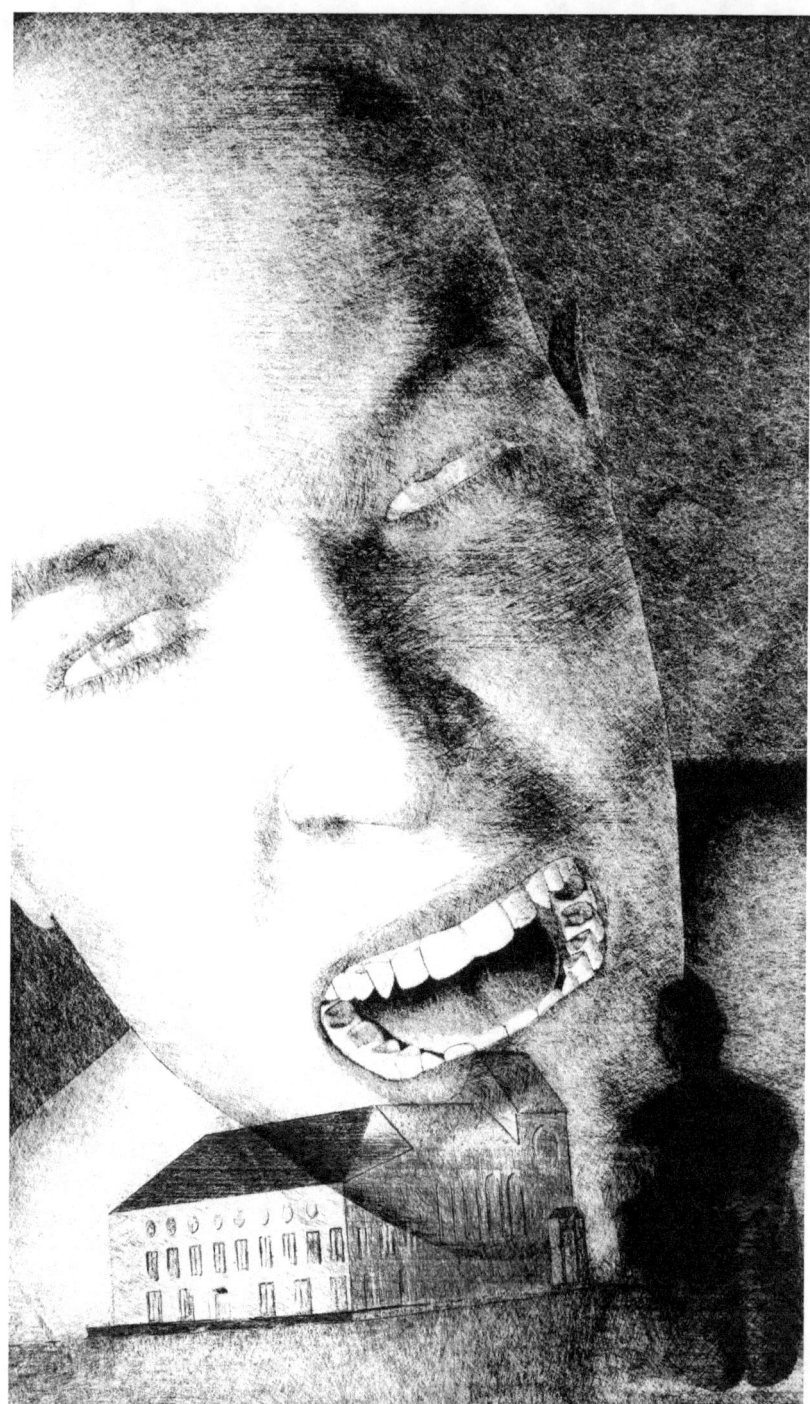

des emplois. De nombreux

pés d'ânes et de mules.

abonnés. Présent

effets de la bombe

béton. Solution

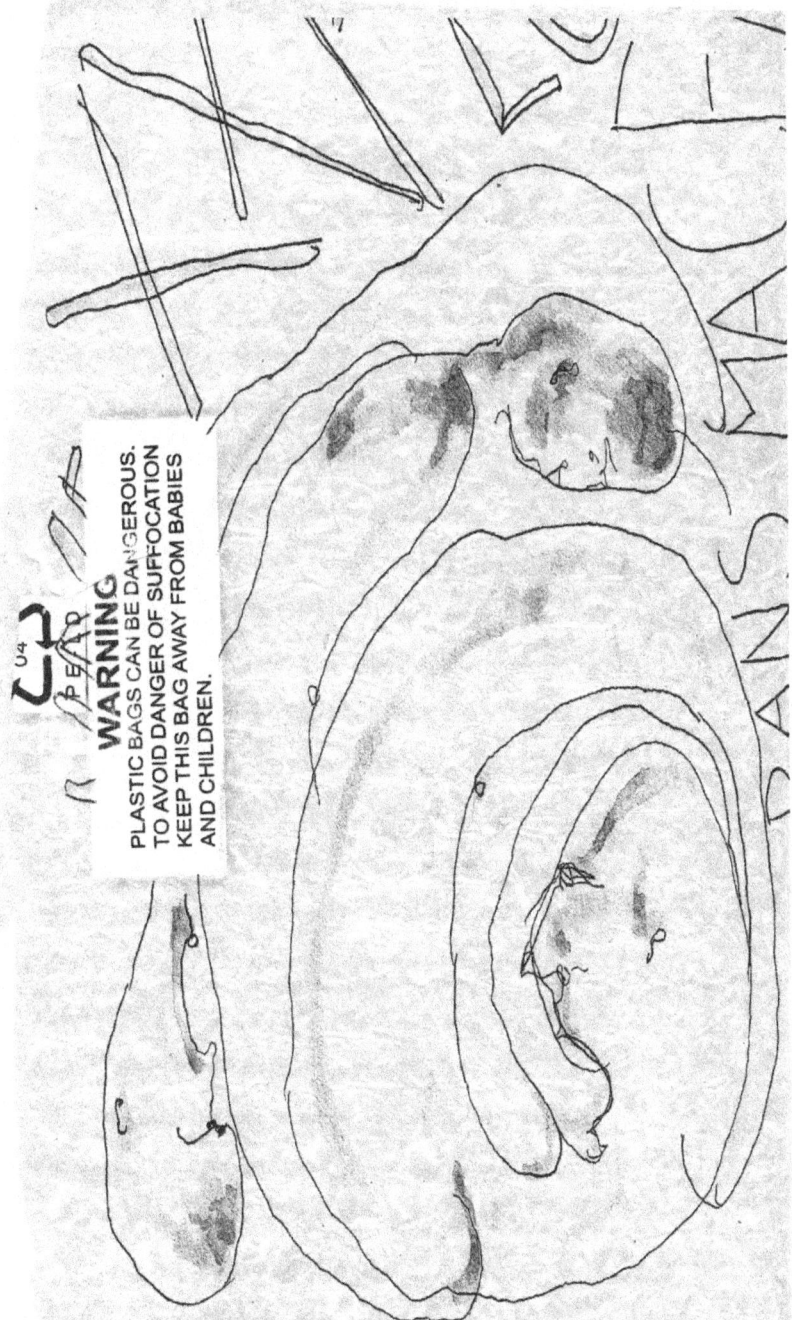

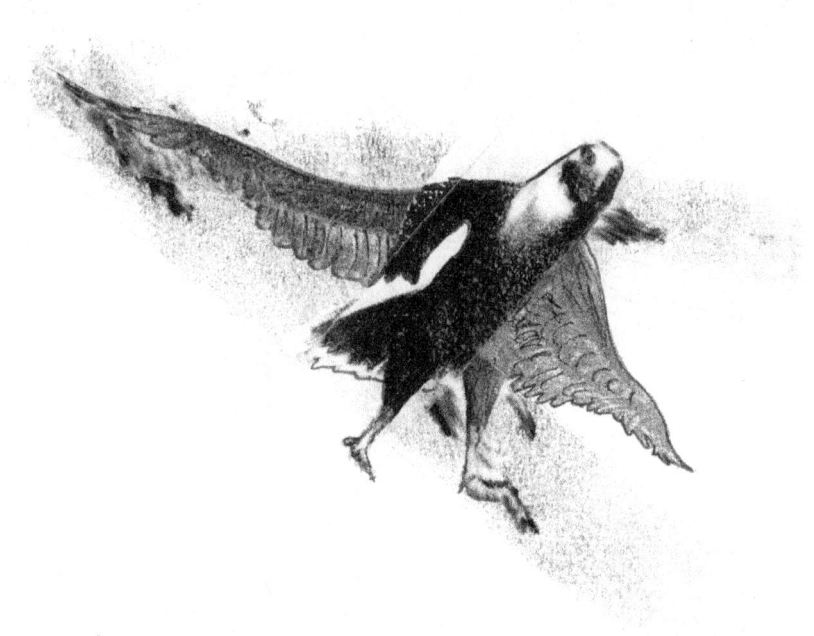

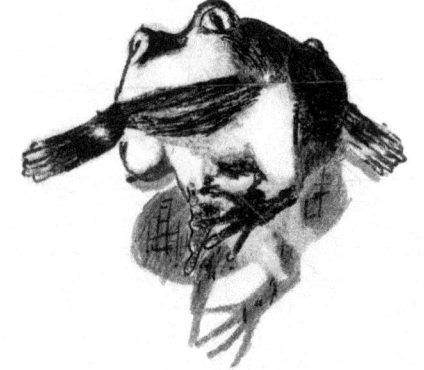

humecter l'insecte, l'éponger
les organiques à vif

y-crois-tu

à la fête !

La cerise

sans complexe

et les
habitants

passés

au scalpel

le matin encore a pissé bruyamment

La grande affaire de la petite mère
Une paire de bottes pour les culs
Crasseux assis sur des bancs
en contre bas un temps où la
peau cramée suinte les chaussettes trouées
Pieds nus, la sandalette   à la limite
Douloureuse à arpenter le trop plein.

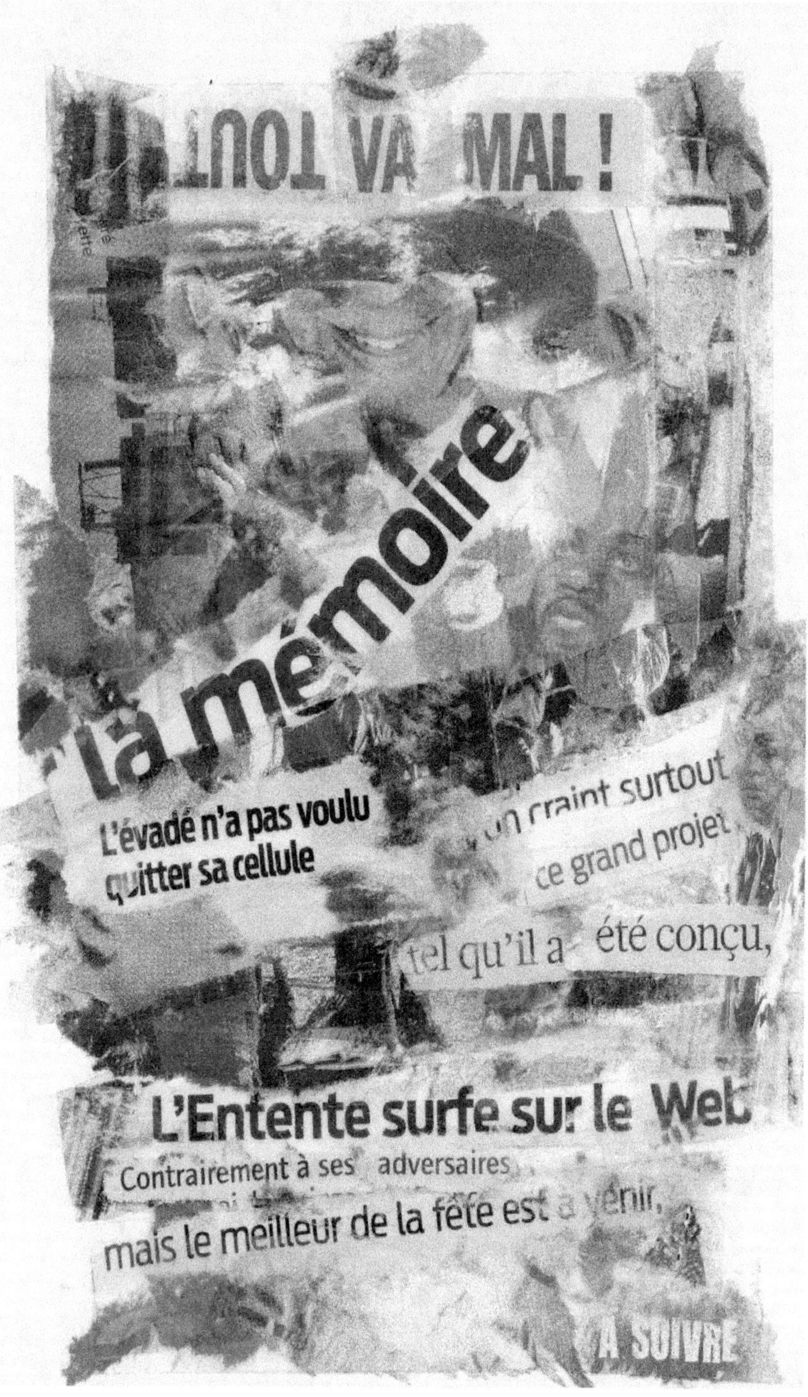
TOUT VA MAL !
la mémoire
L'évadé n'a pas voulu
quitter sa cellule
on craint surtout
ce grand projet
tel qu'il a été conçu,
L'Entente surfe sur le Web
Contrairement à ses adversaires
mais le meilleur de la fête est à venir,
À SUIVRE

OUBLIEZ
TOUT.

ce matin j'ai fait un gros machin

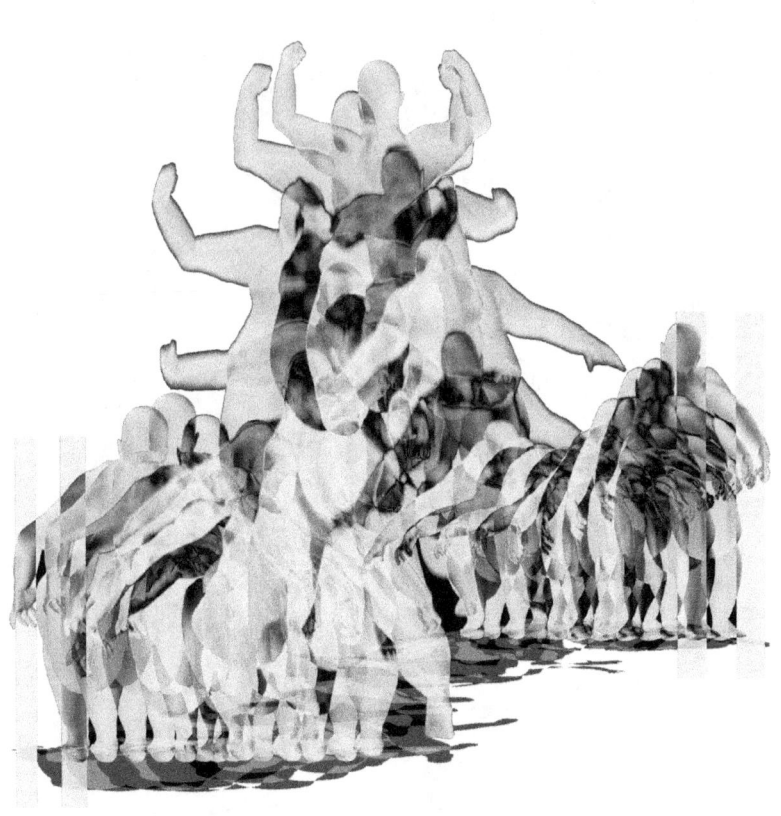

les sources

LES SOURCES

la trans-globalité

c'est du pur métissage

trique traque
trique
traque
trique traque
c'est l'air du temps

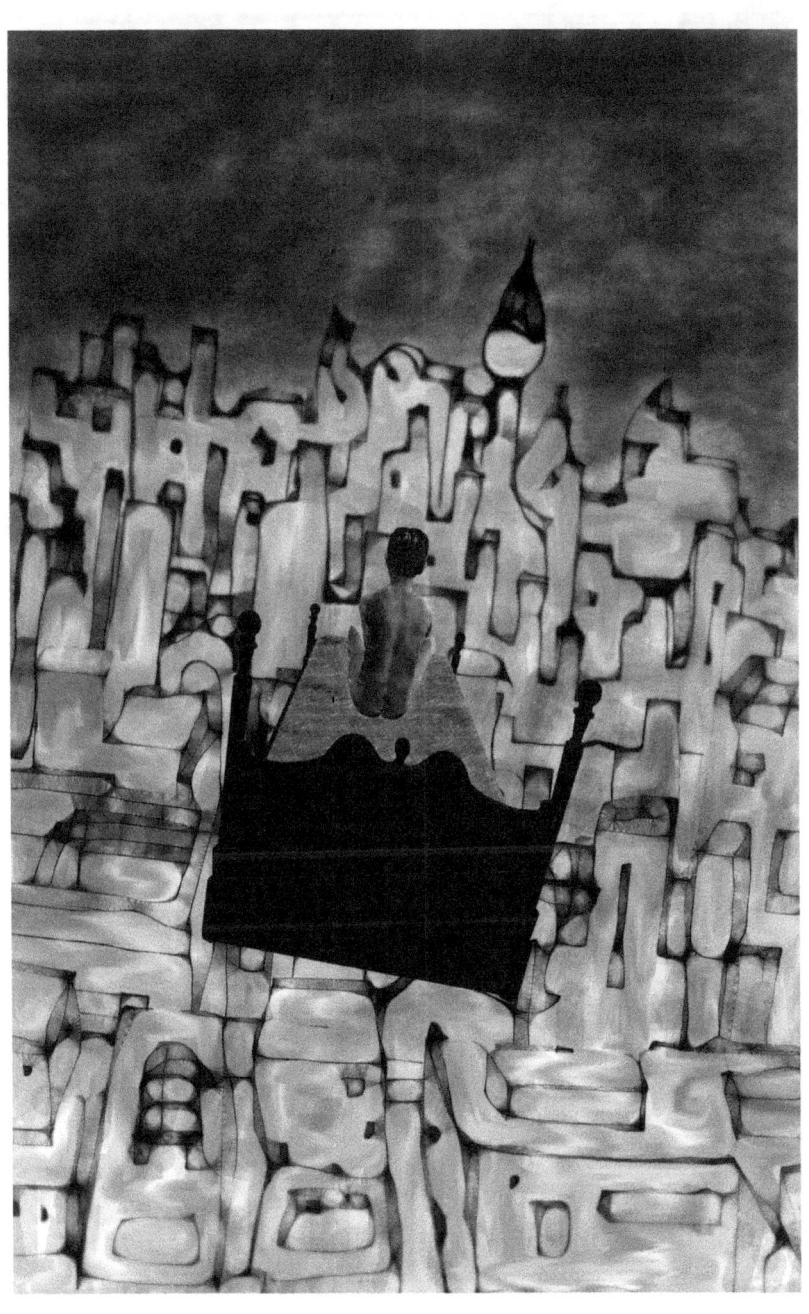

quand est-ce qu'on arrive ?

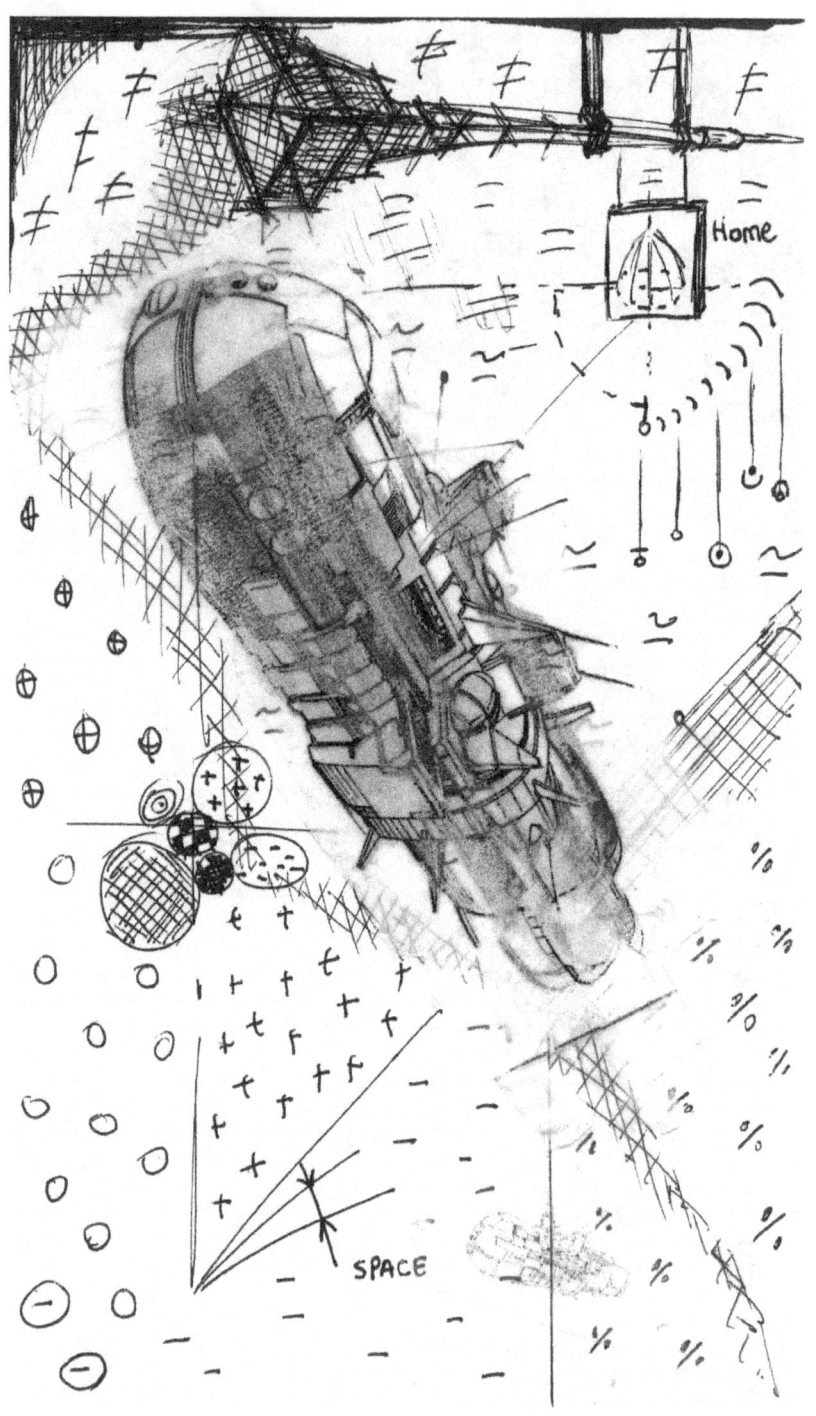

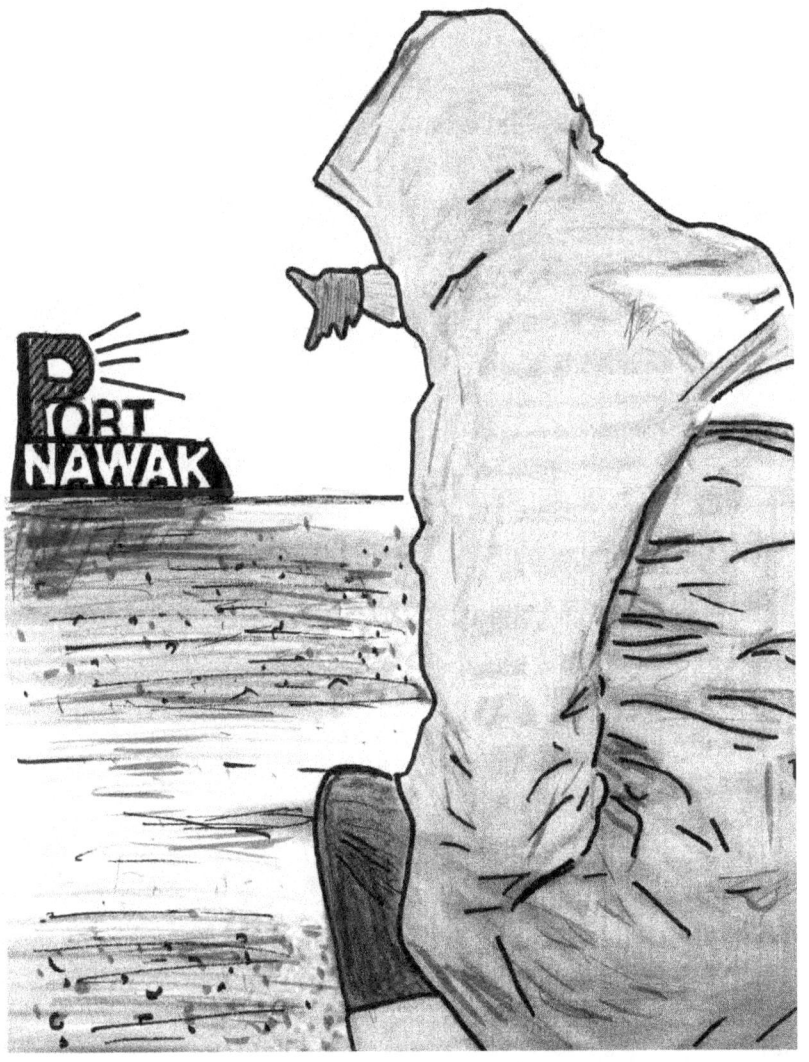

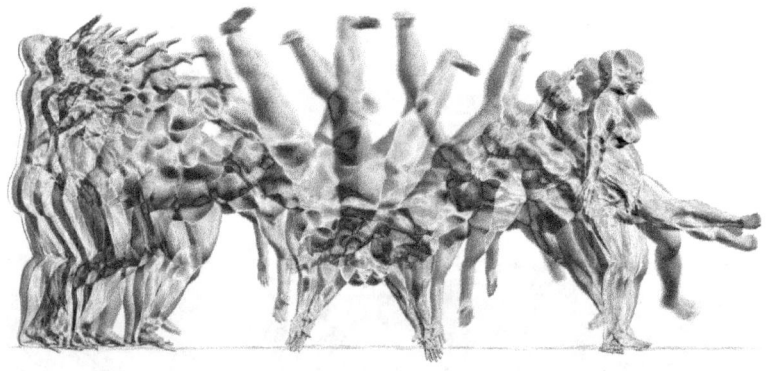

rebondir... ailleurs

là des apparences, parle d'image

système, le roi, même

et malade, tire toutes

4, cabinet compris. Si

noir, dévoile

la sauvette,

attire à elle

quelques bestioles qui, loi

sur la liste, veille

être. Au centre

expulsent : cela

irradiées, le nombre

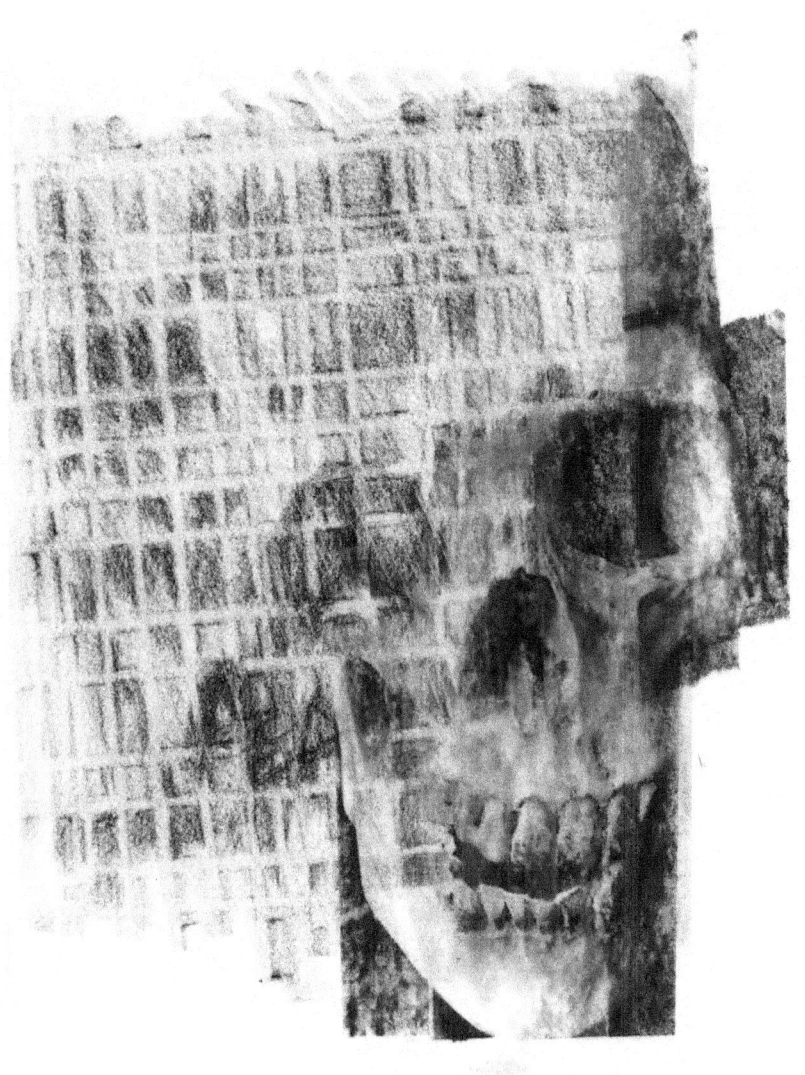

l
y
r
antique
c
a

je le
couche
sur le lit
doux pour
l'admirer vivre
ses longs moments
perdus dans mes veines
attentes dérivant vers l'amour engendré par
les litiges d'antan que   traditionnellement
nos pères ont creusés
nous donnant le saint.

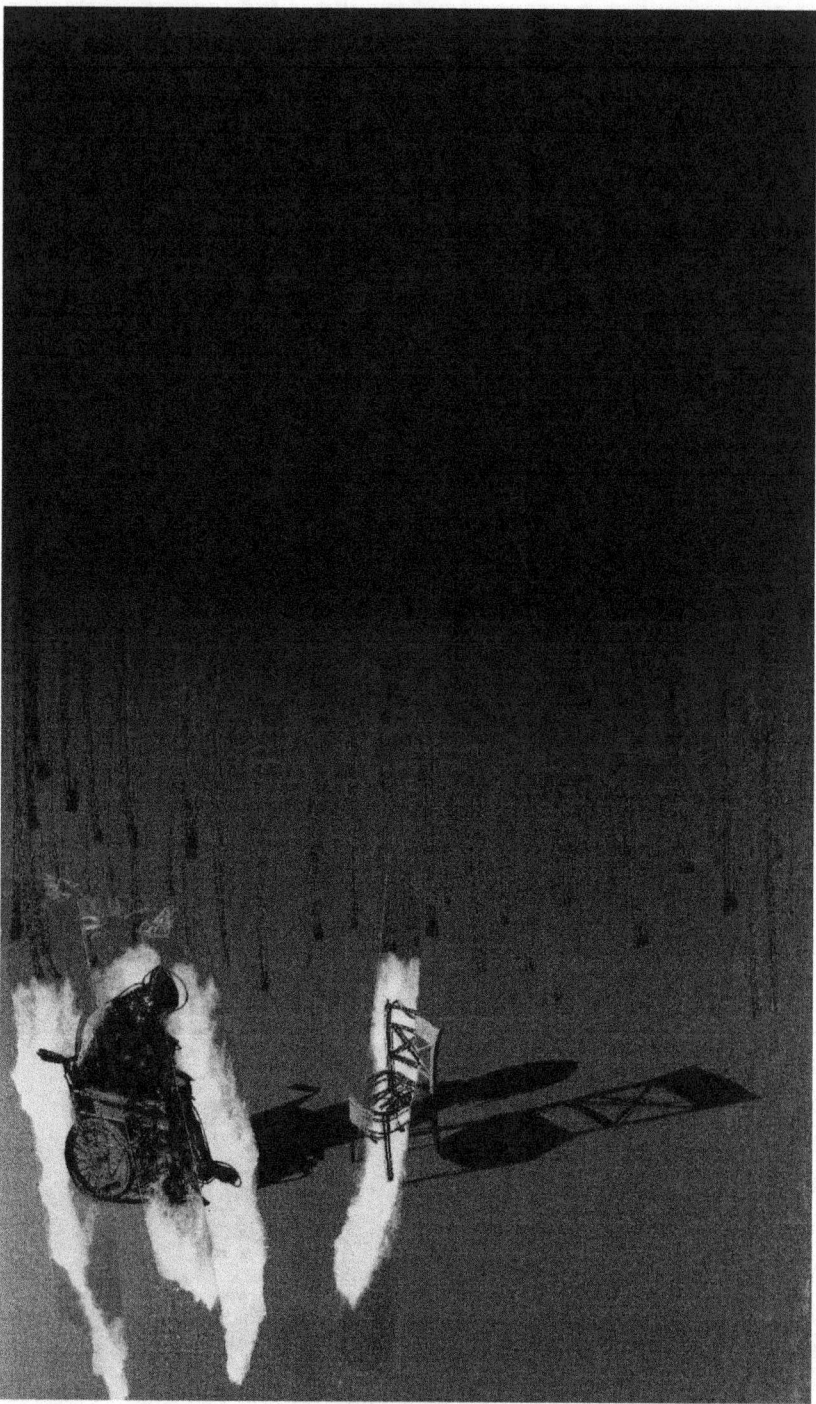

au sol se confondent les pieds

spacieux emplacement

À LOUER

ici*

*ne pas déborder, le reste de la page reste la propriété du loueur

PAGE A LOUER
Tél. 0606060606

PAGE A LOUER
Tél. 0606060606

PAGE A LOUER
Tél. 0606060606

PAGE A LOUER
Tél. 0606060606

PAGE A LOUER
Tél. 0606060606

PAGE A LOUER
Tél. 0606060606

PAGE A LOUER
Tél. 0606060606

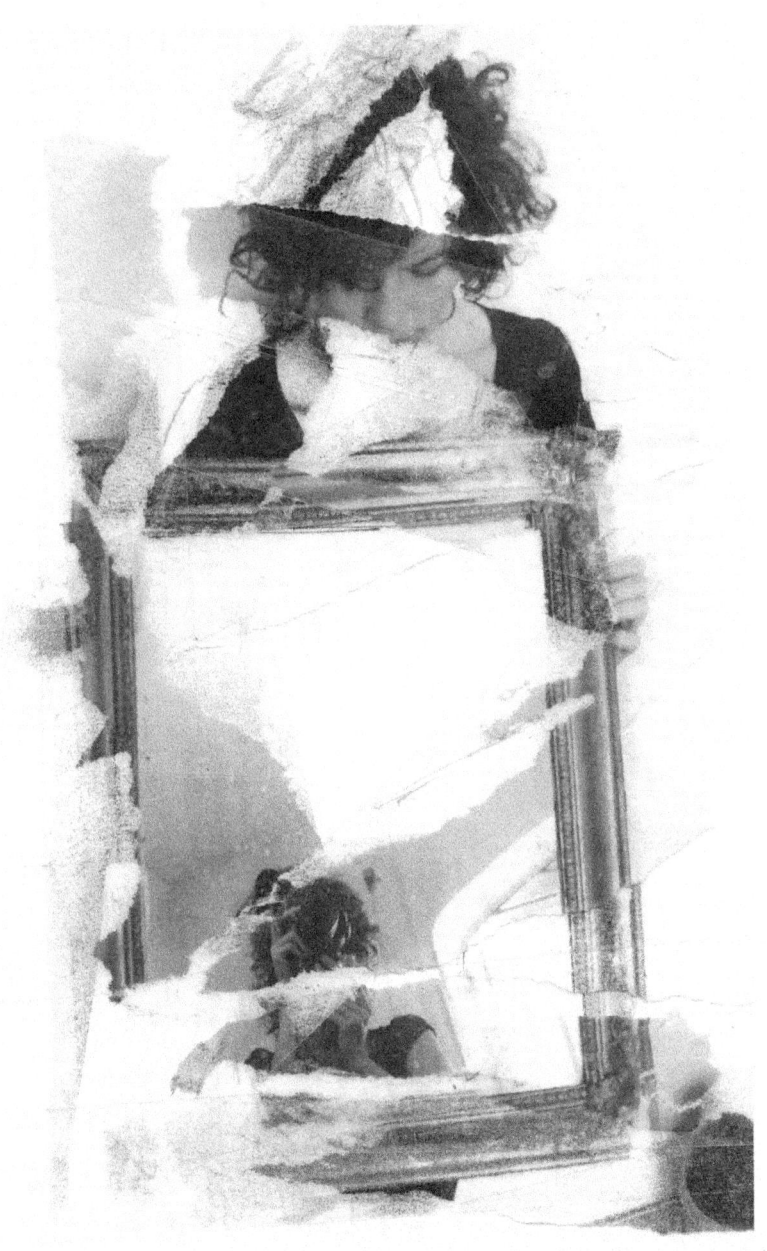

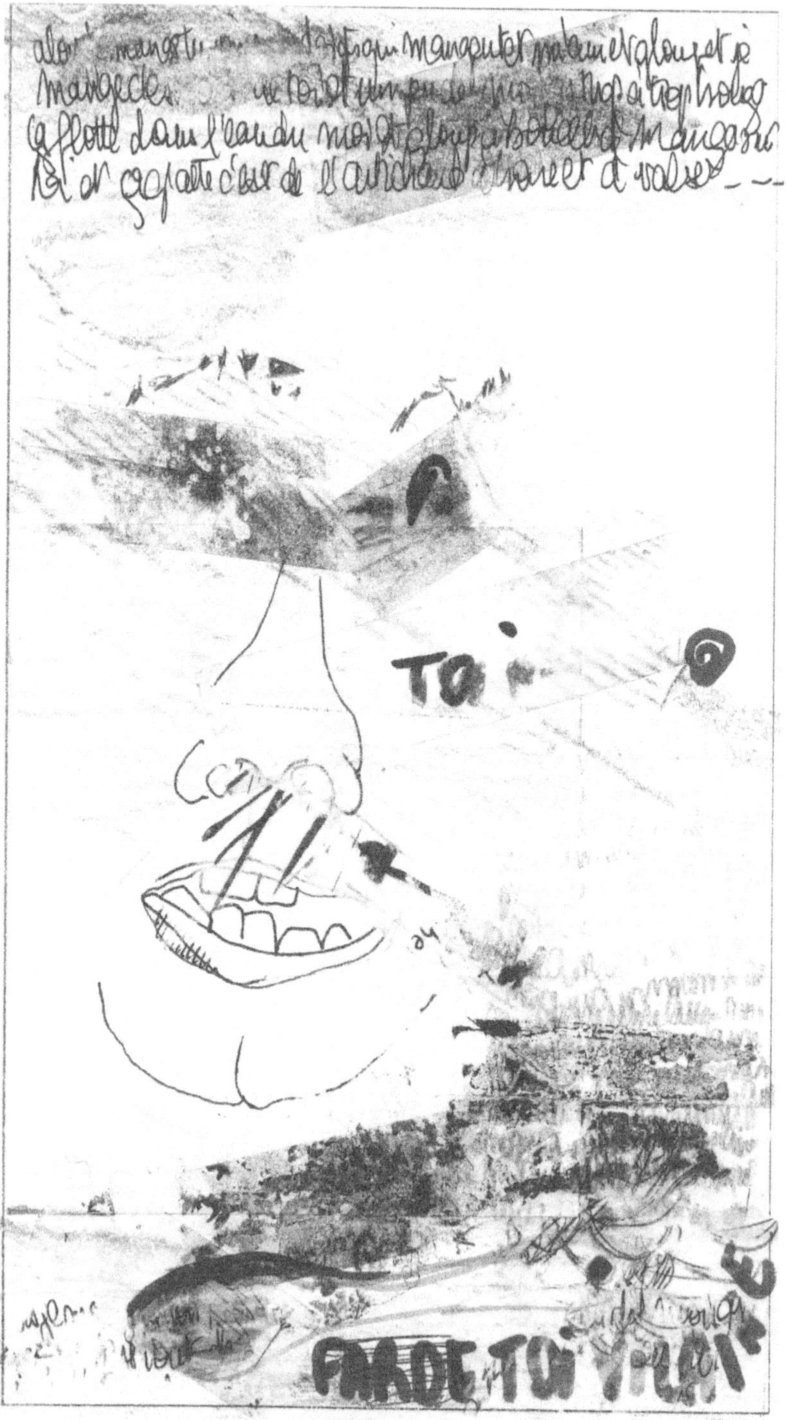
TOI

L'UNE

L'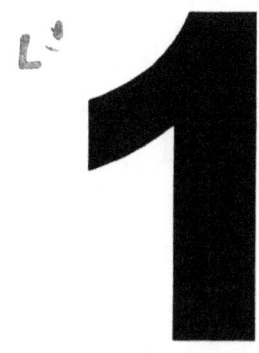 DIT PAS

L   SE   PLIE

IL TROU

L EN   BAS

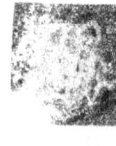

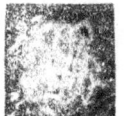

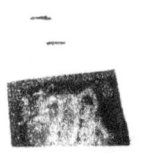

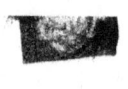

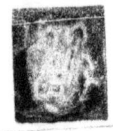

pain de miche ; plus d'oranges ; soluble de café ;
biscottes en compote ; une cigarette ; un cul
de pain ; clés adoublées ; du lait à se noyer ;
un nuage dans le café ; boisson qui refroidit
(sa grande tronche) ; des bouts de sucre

C'est comme ça
qu'ils se gueulent ;
qu'est-ce t'as fait là ?
C'est ça que **TU**
VEUX ?

C'EST LUNDI

F
A
C
E

M
UR

arrêtes ça, tout de
suite, NON ?

J'en veux pas de
ton **CRI**

c'est la vieille
y a assez
les eaux qui crampent
sa gueule d'arrachée

Leur appartement n'est pas bien grand ;
lui il crie ; lui il crie ; lui il crie.

Le présent jour
mais demain
mardi aussi ;
du mercredi au

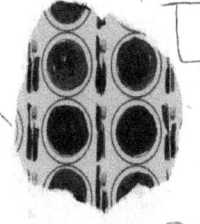

DIMANCHE

quand il s'en va
au travail ; la petite
femme est tranquille.

LA FEMME
AUX MARRONS

elle dit.
Ils font chier
LA PUTAIN

se plait les lundis. elle se
lâche devant la télé à rester
écoute les résonnances de
"salope" "c'est ça que tu VEUX"
? ? ?

je t'aime je t'aime je
te aime je te aime je te
aime je te aime je te

MERDE ?

MONSIEUR

C'est bien qu'elle se dit -

partez y bouloter tapez le faire trouez la pas les plis des yeux parterre le lundi

c'est dimanche hier le faire rien hurlant par derrière

alors pour oublier

ASEPTISER DÈS LE MATIN
APRÈS LE CAFÉ
LE LUNDI MATIN **RDV**

la bouche cousue

ATTENTION À TOI
TU ATTENDS
TU ATTENDS

EEHHHH

TENSION

les cernes
en boules

le cul
à gripper

la mine
en défonce

entre lui
Le qui et
lui et lui

Faut le supprimer
Y en a ASSEZ ?

LE CON

le con lui en a fait 4 ;
cri tout le temps
quand s'en va le con, lundi au travail
brouillonner du faut y aller
à tout va ; vas t'en ; dégages
c'est bien quand t'es loin

C'est bien
le lundi

je peux retirer
lettre omette ?

ELLE DIT

JAMAIS RIEN

sans mot des bleus aux joues c'est dimanche hier

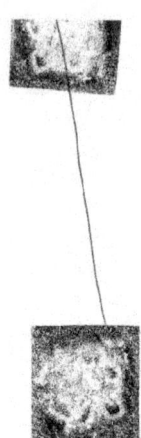

l'un dit

l'autre ce pli

L UND_CRIPLI

les mêmes ; le soir
les mêmes, un matin
le chien y mord ; le fout dehors

Entre les stigmates du matin
au soir

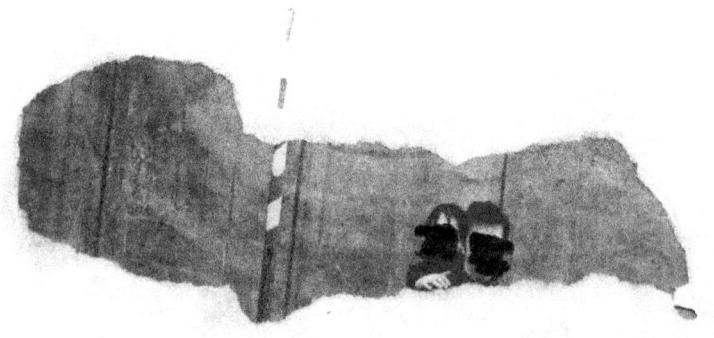

????

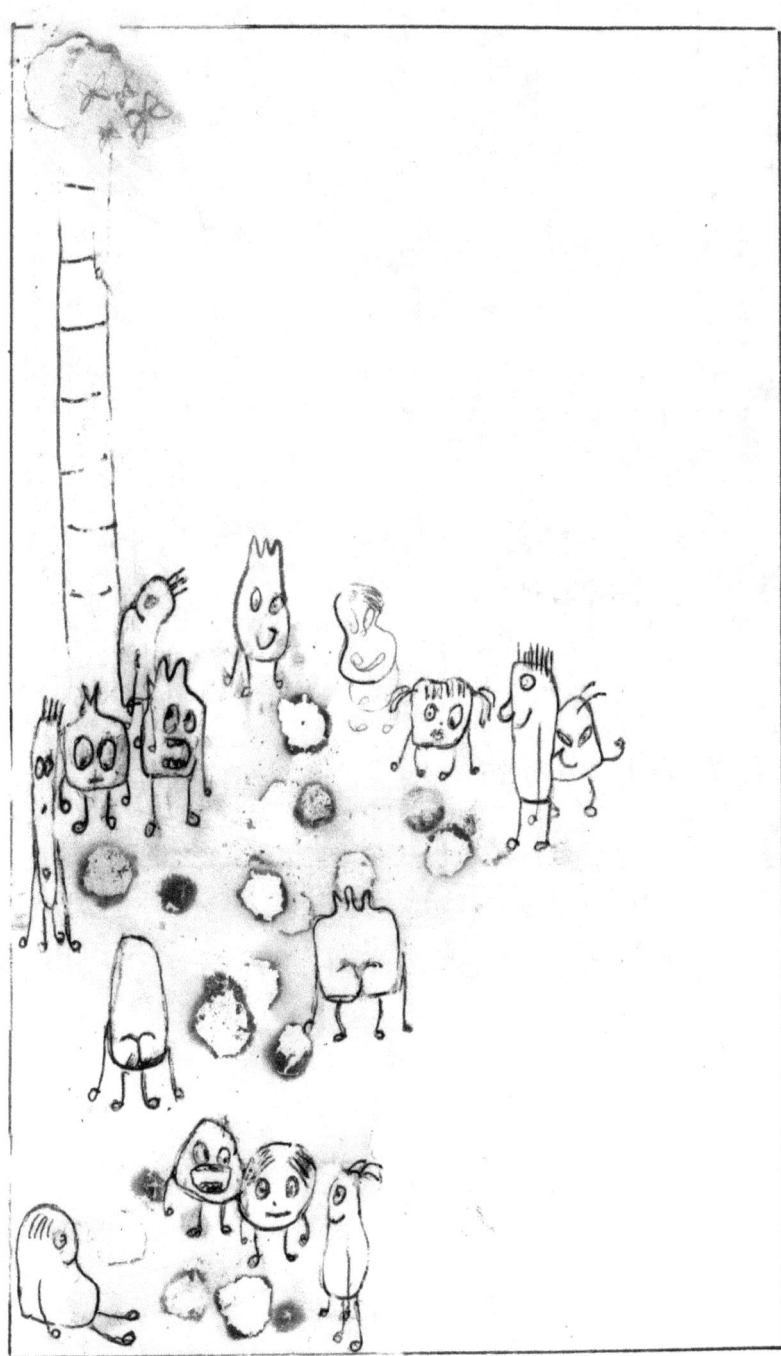

tic toc tic toc tic toc tic toc tic toc tic toc tic toc tic toc

zigizigichtaaaaflip paaah

bi bidibidibidi bi bidubi budibudi padawa

pam padapampam padapampam padapam pam pam

Vlam sti ti ti sta Vlam sti ti titista

boom   bimba da boom   bada

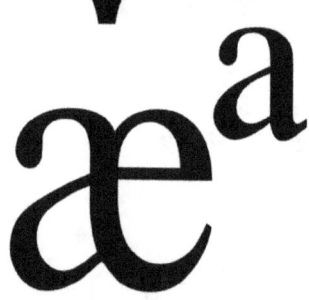

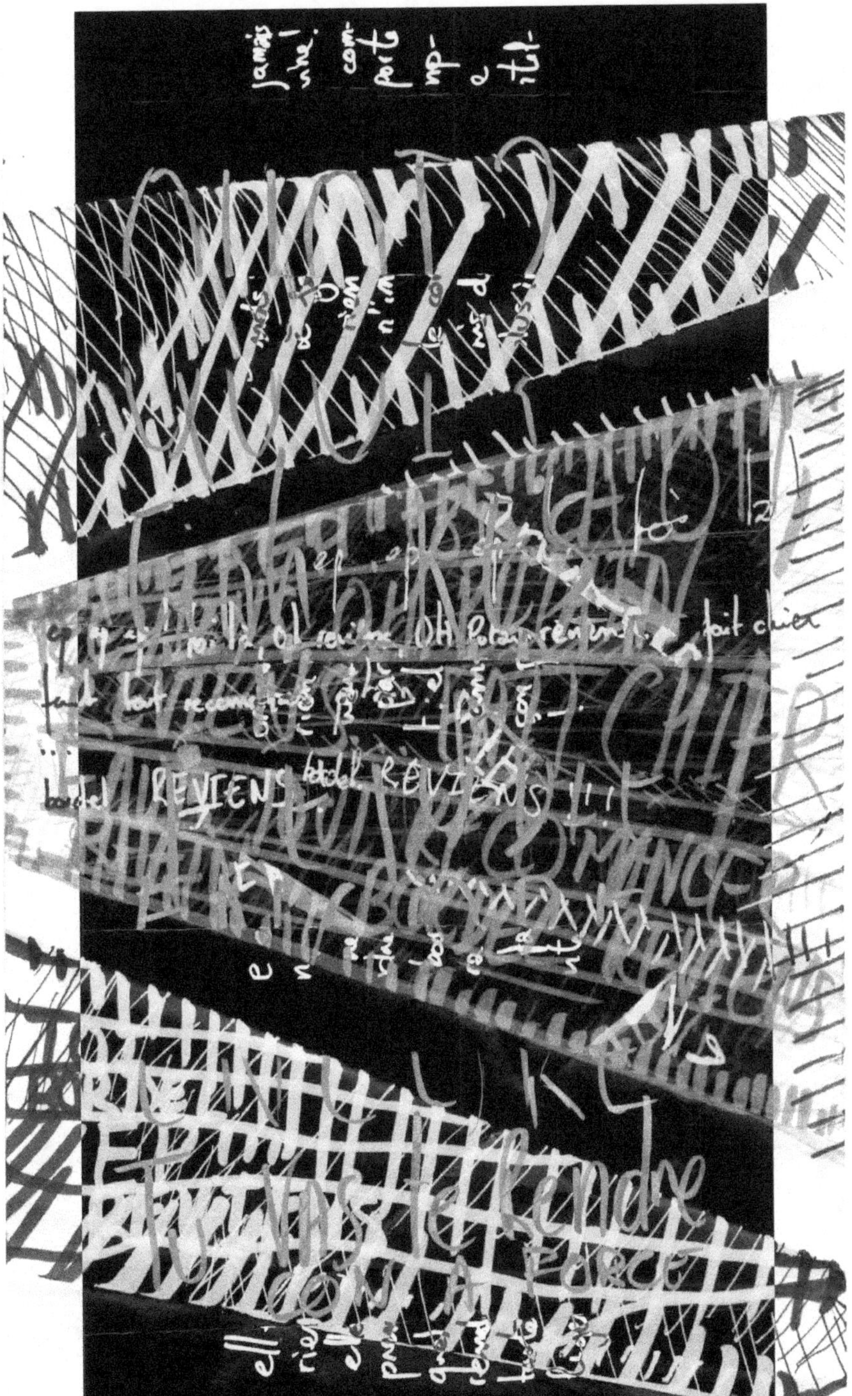

REVIENS
bordel REVIENS
tu vas te rendre

et à l'envers, ça fait quoi ?

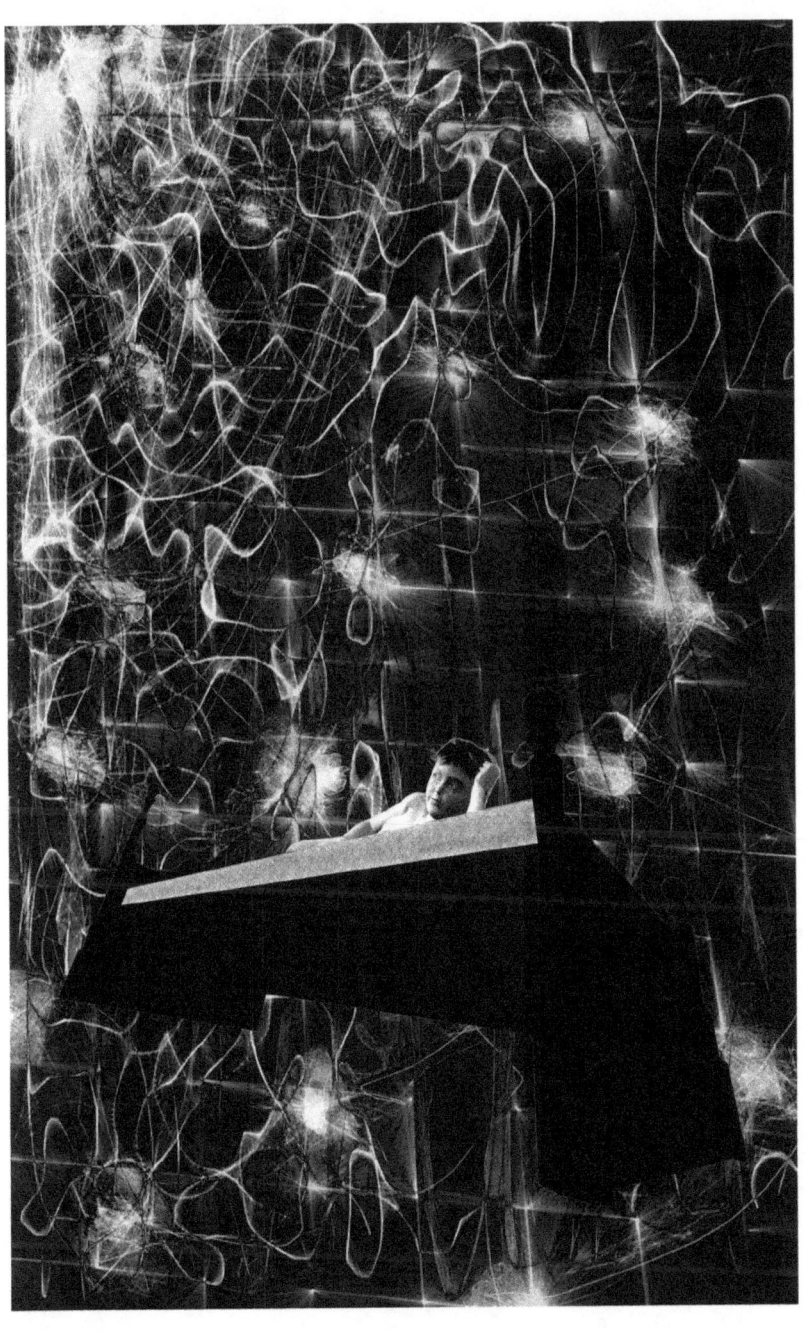

je m'ennuie mon ami

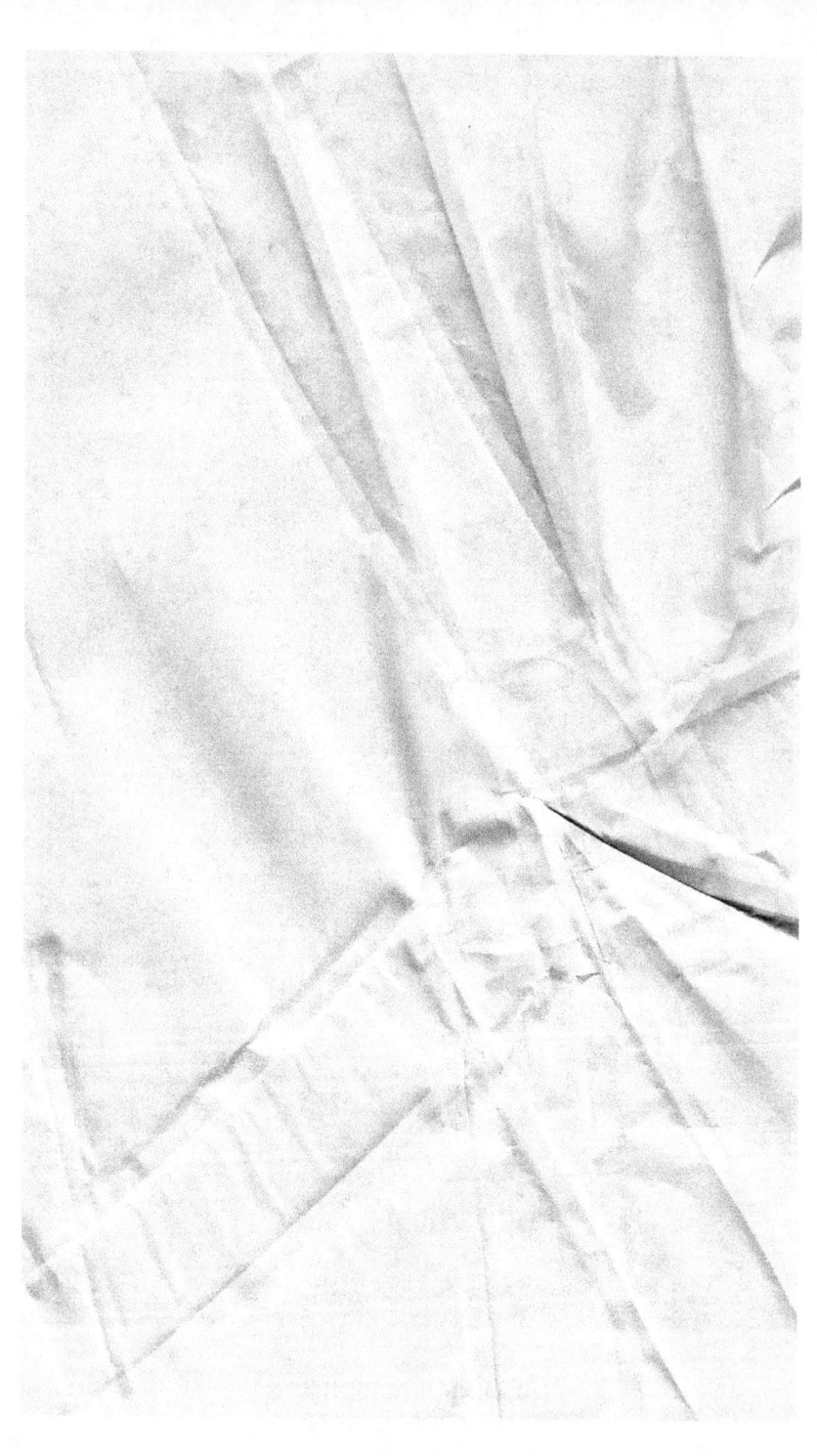

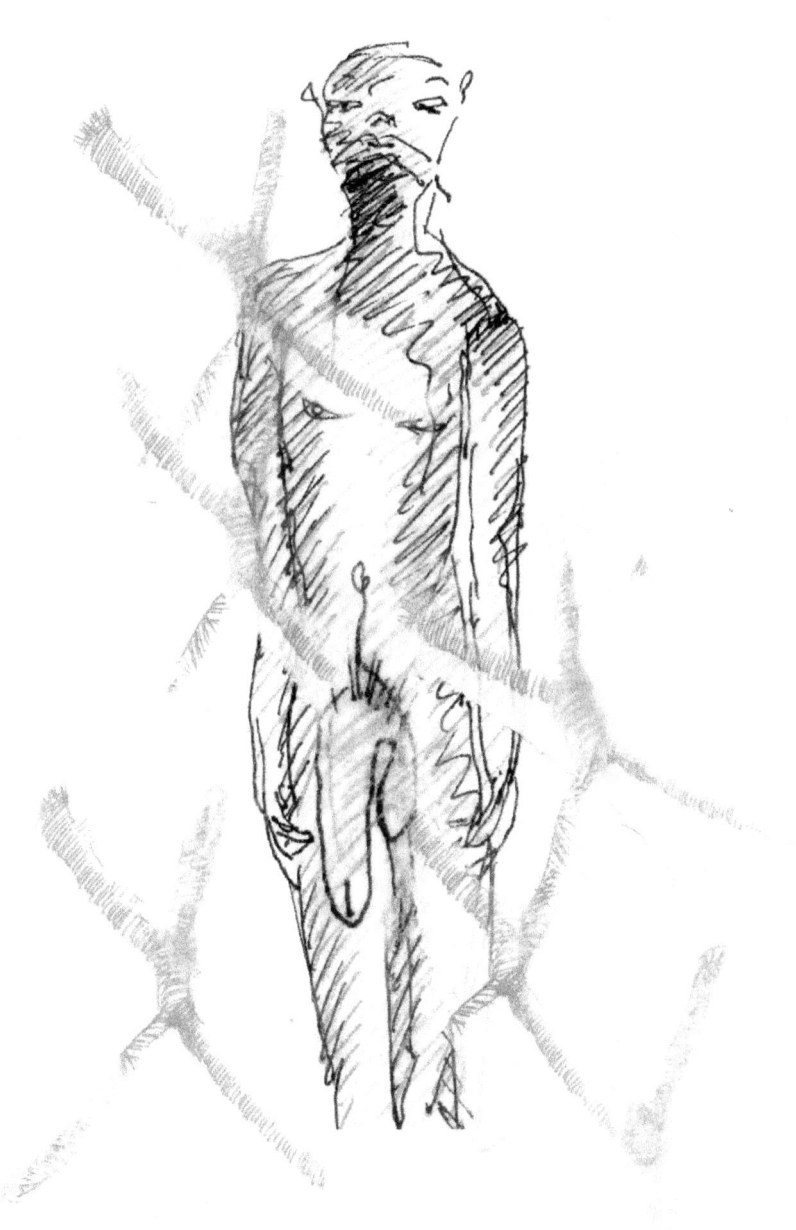

HOMMES MARCHENT

Homme en marche ; hommes en marche ; hommes des marches ; des
marches se gravissent ; ravissent en attente ; se ravir de l'attente ; en
attente d'un ravissement ;
hommes marchent.

Les hommes marchent vers l'étendue qui pointe ; leurs bouts se
toucheraient repliés dans les mains ; dans les creux, les fines rides ; se
défaire des traces de renfoncement ; des renfoncements des hommes
en marche dans les rainures d'un paysage. Sans défaire ; étreindre le
front. Endiguer les fuites bruyantes au fond de la carte ; effacer les
données de la carte, une carte du rien pour arpenter la longue. Le long
des hommes une marche s'effile vers nul à gravir ; gravir la nulle part
où marchent les hommes.

Peine à voir comment trouer la molle ; ils peinent en marche ; sans
front à forer ; traverser le nu,
un même front toujours le même front de l'inutile. Sans savoir ; ne pas
savoir où se bondent les hommes ;
hommes bondés, essoufflés les uns des autres.
Percer le pli derrière lequel se mastique le temps qui passe ; assis à
mâcher le je peux du temps, dans le temps vieilli le doute révolu.
Captifs à mâchonner sans cesse ; juste un arrière goût, plus rien sous la
dent ; du rien dans les dents, un rien coincé à curer caché derrière les
monts ; le il pût

Hommes en marchant négocient du vide du rien à vendre en échange
de rien ; un seul présent désolé, le même que cet espace désert froissé
à bout d'œil sans vue lointaine, pas visionnaire, ni devant ni à l'arrière,
rien dans le dos, un grand rien retroussé sur soi-même.
Par le truchement du seul lui-même, tout seul, homme marche tout
seul. Pluriels côte à côte chacun dans le fond de la vallée ; la plus
grande ligne force la pente, pas de raccourci, que des fronces ; des
fronces, encore.

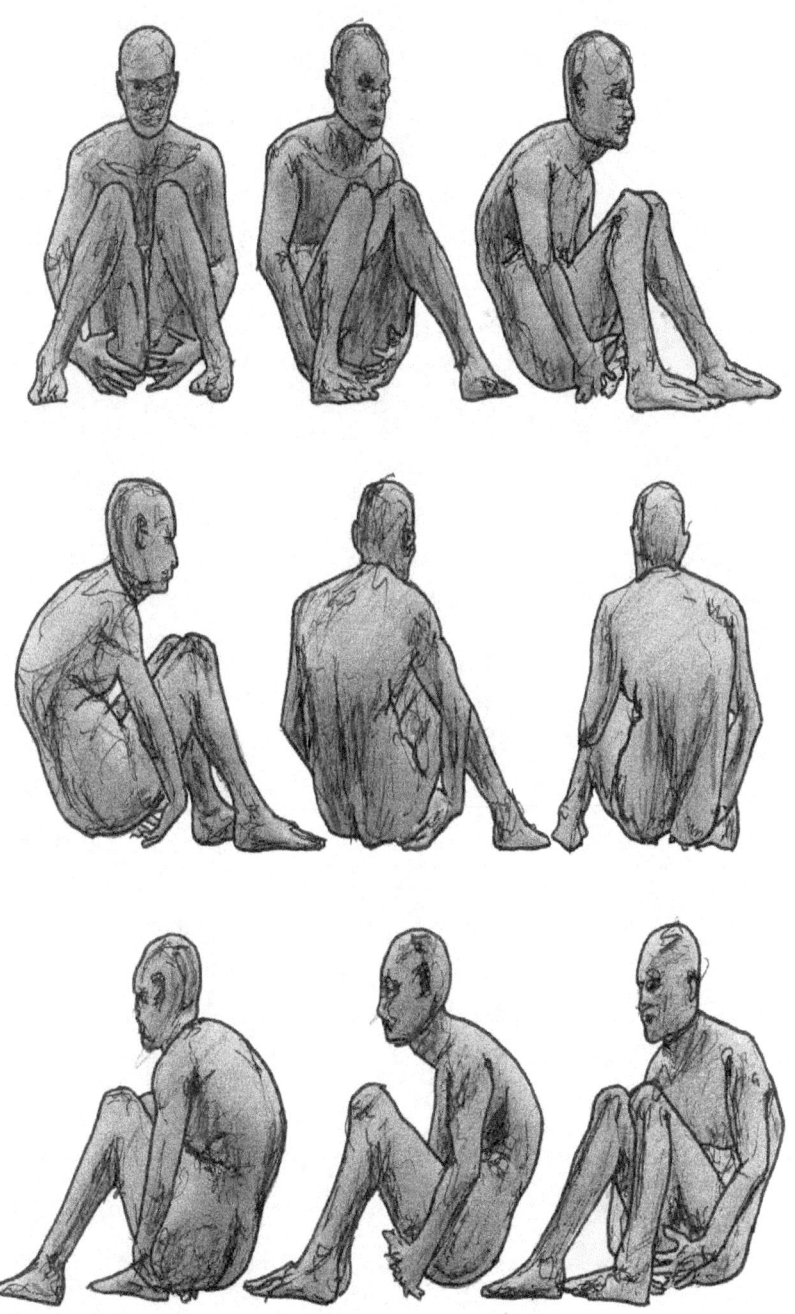

Five words just isn't enough.

- Try to ignore your pride.
- Happiness is a conscious choice.
- Sadness sucks penises and balls.
- And she's back in town!
- Don't be afraid to fail.
- Never promise crazy a baby.
- Never give away animation rights.
- Money in the banana stand.
- Never admit to a mistake.
- I've made a huge mistake.
- Made my day so far, sir.
- Don't sweat the small stuff
- and it's all small stuff
- Learn how to count.
- Reduce procrastination. Create awesome stuff.
- Drink. Fap. Sleep. Eat. Repeat.
- eat, sleep, work, repeat, Die.
- Free pussy is not free.
- It always comes with crabs?
- Shouting surprise negates rape allegations.
- Sex, Drugs, Rock and Roll.
- Be Excellent to each other
- People believe some whack shit.
- trust me on the sunscreen
- The meaning of life is
- Forty Two is the answer
- disregard females, acquire currency. bacon.
- Quit bitching and keep going
- Don't talk to the police.
- It's all just a ride.
- Shit ain't real. Don't Worry.
- Everything is made of atoms!
- What are atoms made of?
- Ninety nine percent "empty" space.
- Everything is nothing. Got it.
- Make friends with the robots.
- Set goals, git 'er done.
- Whatever you do, have passion.
- the cake is a lie
- Happiness equals reality minus expectations
- life sucks. three words left...
- Grass not greener; different shade
- grammar nazis always blitzkrieg comments
- I'm just trying to help.
- Surround yourself with good friends.
- You make your own meaning.
- Enjoy, you will die eventually.
- Let the anger go. Accept
- My wife left me. Fuck.
- Inanimate objects can hide themselves.
- Any funny stories to tell?
- Dance like no one's looking
- Lose some weight, diabetes sucks.
- Spend time feeding your soul.

- Wish me a happy birthday
- Don't set head on fire.
- Or invest in fire extinguishers
- Do it, or you lose
- Keep off of the grass.
- Be good and be happy.
- Last drop's always in pants.
- Never stick dick in crazy.
- Hell is other peoples' ringtones.
- rest in peace dale earnhardt
- Stop sweating the little shit.
- Just stop sweating in general
- Stop and smell the flowers.
- Do not feed the trolls.
- Control is imaginary. Change? Constant.
- Be fucking cool to everyone.
- Everything is totally worth it
- Everything you know is false.
- keep calm and carry on
- Getting upset generally not worth it.
- be happy, achieve confidence, relax
- Listen to your inner voice.
- You can control the universe
- Everything means nothing, don't worry.
- Disregard females, acquire currency. Always.
- Think before you judge others.
- smoke weed every day...bitches
- Life is what you make.
- Forget rote learning, find patterns.
- Don't ever fuck little children
- If I want it, ASK.
- shit sucks, then you die.
- We're just exploited energy resources.
- Dogs are nicer than people.
- its all who you know.
- I am never drinking again.
- Beer makes my belly fat.
- Confidence is all that matters.
- In the end it's nothing.
- Evil wins often. Good = Hard.
- Nothing is worth the effort.
- Shit not where you eat.
- Know where the exits are
- Tolerance, respect, getting really high.
- Never go ass to mouth.
- Always demand "ass to ass".
- You are not good enough
- Do not fuck anything, ever!
- Please don't jump to conclusions.
- I you don't, someone will.
- Hate when someone says go.
- Do not masturbate in public.
- Don't feel sorry for yourself.
- Love everyone. Appreciate everything. Live.
- Care only about the present.
- fiat currency does not work.
- Life's too short to hate.
- It's what you make it.
- Free will is an illusion.

- Don't try, there's no point.
- It is not that important
- All girls are whores, lol.
- We're all born mortally wounded.
- Slow blade penetrates the shield.
- High expectations lead to failure.
- She is always right, moron.
- You can't control everything.
- Wait for the fucking lawyer.
- Make her sign a prenup.
- Trust yourself and few others.
- Remember, it is only money.
- work hard and play hard
- All problems created by alcohol.
- Be kind, be fair, love.
- More than not, I'm wrong.
- Everything was beautiful, nothing hurt.
- Don't live in the past.
- Everyone sucks. Do it yourself.
- Cause, effect are far apart.
- Fuck 'em, do your thing.
- Don't fuck the secretary, ever.
- Do the right thing, always.
- Pretend you are confident, yo.
- Do not give a damn.
- Change must come from within.
- Boil Everything. Wear a Rubber.
- Don't eat so much fat.
- Be rich, white, own land.
- Lord loves a working man
- Wheels or tits? It'll cost.
- Calm down. Gather thoughts. Discuss.
- People can be really stupid.
- It sucks to be me.
- It's lighter than you think.
- Let me get this straight...
- Selling baby shoes; Never used.
- Hard work pays off eventually.
- Anything is possible with determination.
- choose, be chosen, or die.
- Marry the one you love.
- move it or lose it.
- Be better than you are.
- Everything is up to you.
- derp derp derp derp derp
- Make sure to pull out.
- This too shall pass. Bitch.
- Always take the red pill
- Don't worry. It's all good.
- I've always been bad at math
- It's a matter of perspective.

- Wait...wut? How many words?

http://www.reddit.com/r/AskReddit/comments/c90ip/everything_youve_learned_in_life_in_five_words_go/

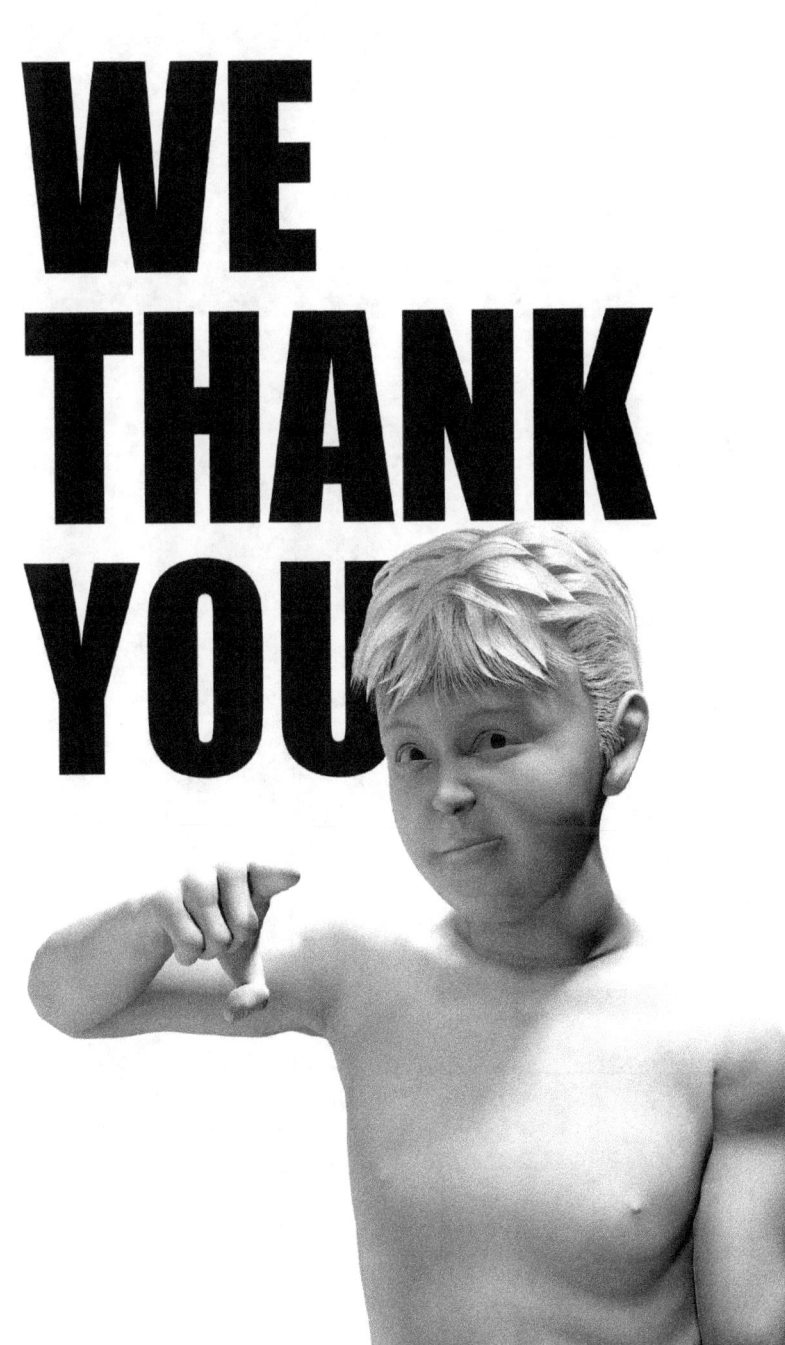

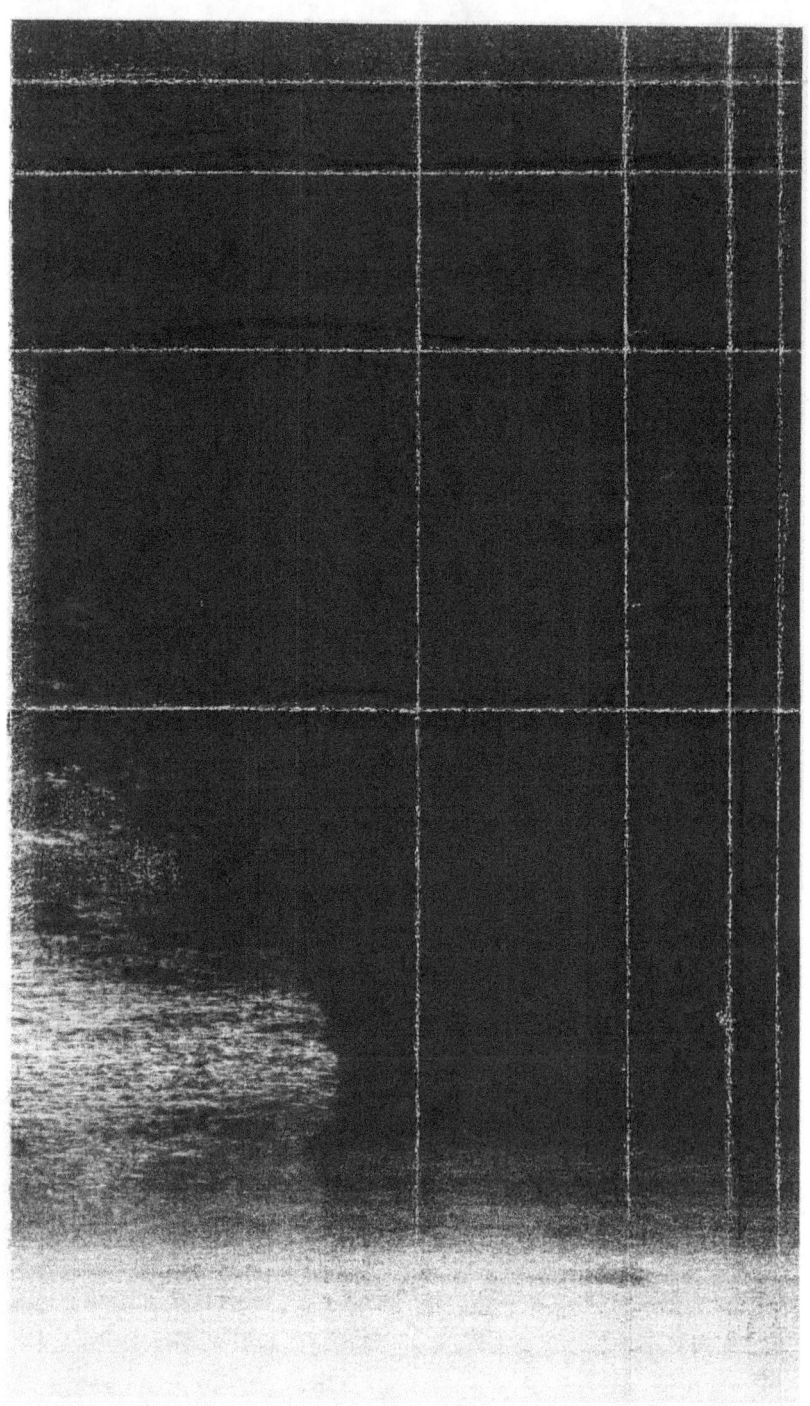

SOUS-RATES
pour
CHATS-PITRES DU CORAN

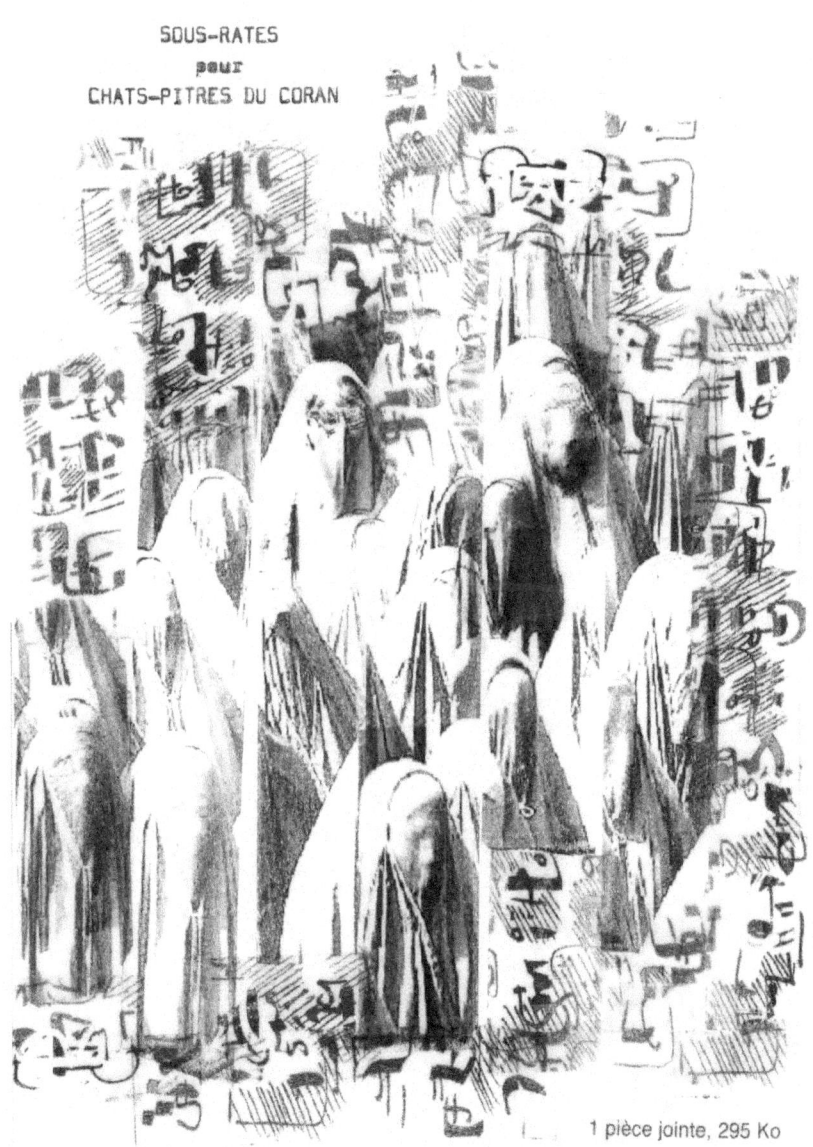

1 pièce jointe, 295 Ko

Cher Général,

Beau combat, franchement, très beau combat. Très
impressionné. Une stratégie imparable et forte-
ment inspirée, je vous tire mon chapeau.
Vous vous doutez bien qu'il va falloir un peu de
temps avant d'organiser une suite à toute cette
affaire. Mes hommes sont à bout de force (pour
ce qu'il en reste) et commencent à douter de mes
capacités, mais avec l'appui des intellectuels
et du ministère de l'information, je pense que
d'ici quelques années, je serais devenu
prophète, poète, vénéré et immortel.
J'aimerais tout de même continuer à partager ces
grandes discussions passionnées sur les orchi-
dées que nous avons pu avoir ces dernier temps.
Les terres ici se sont bien appauvries depuis
mon départ, et de grands travaux doivent être
mis en place rapidement pour retrouver mon havre
de paix si important à mes yeux.

        La vénération d'un peuple
        Les louanges des dieux
        Ne vaillent pas mieux
        Qu'une branche d'orchidée

Par rapport à vos questionnements dans votre
dernière correspondance, il me semblerait plus
judicieux d'attendre quelques mois, afin de ne
pas lever des soupçons dans mes maigres rangs.
Mais l'envie de me retrouver face à vous est
bien plus grande que vous l'imaginez.

Cordialement

Le Gouverneur

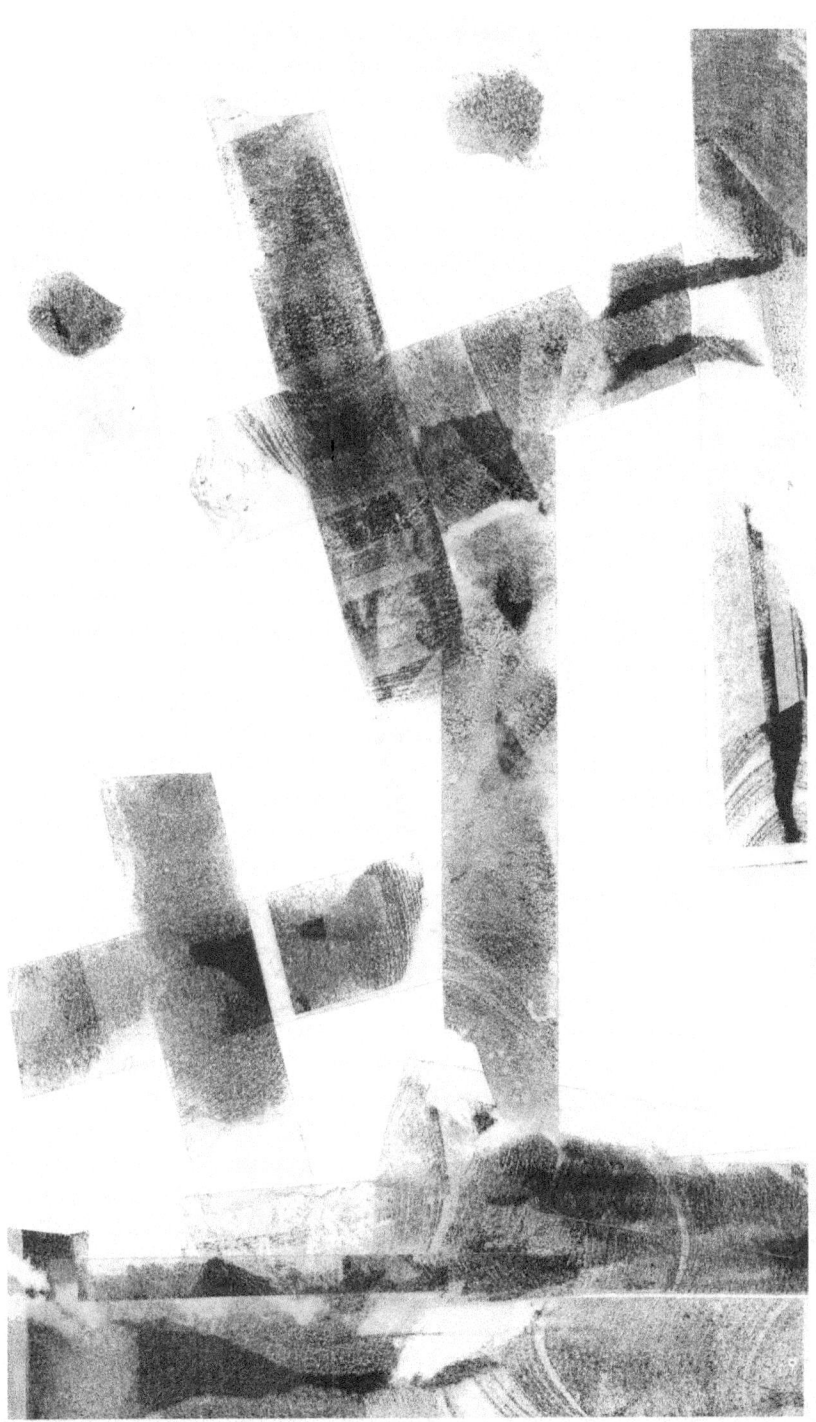

à bon entendeur, doutez

potacheries sociaux

des médias populistes

penseur De la guerre

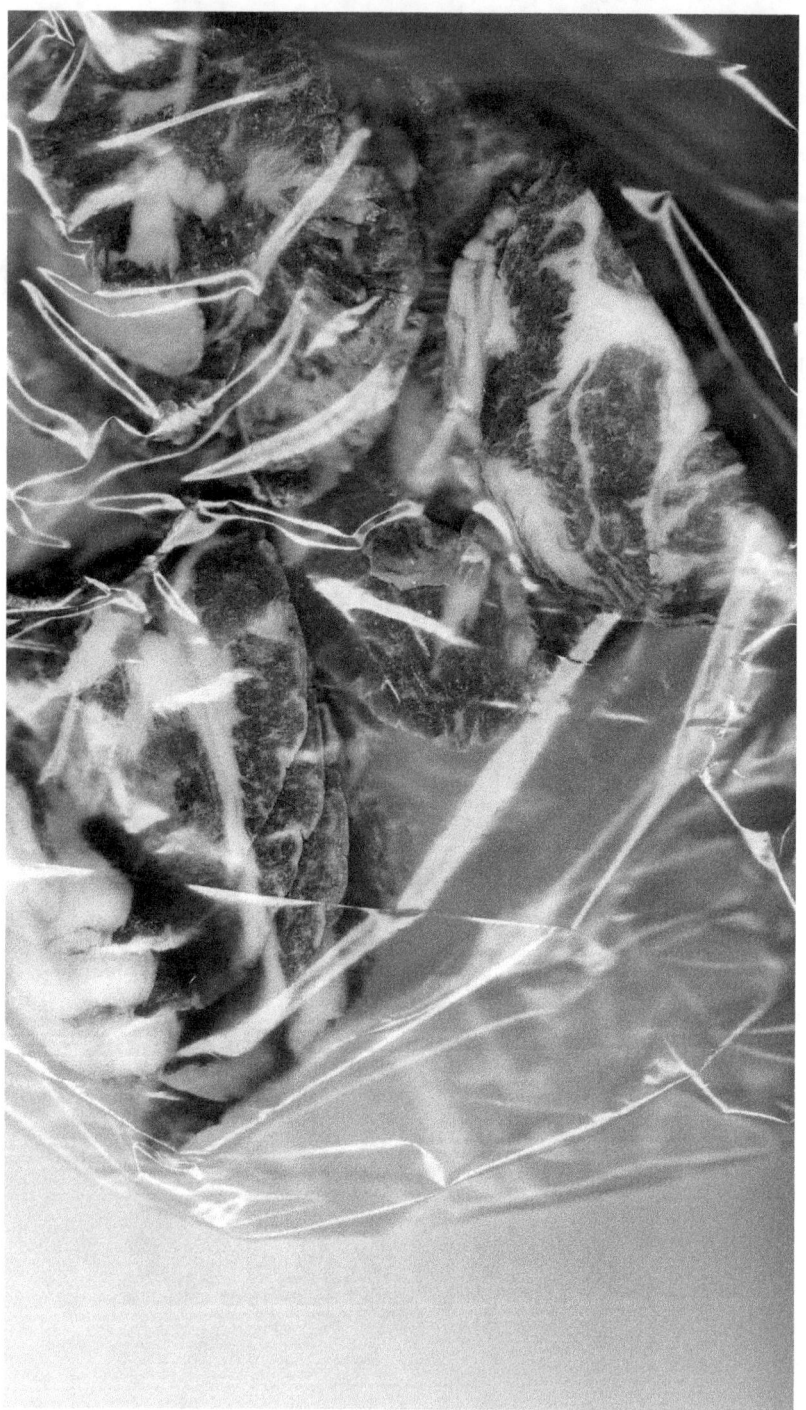

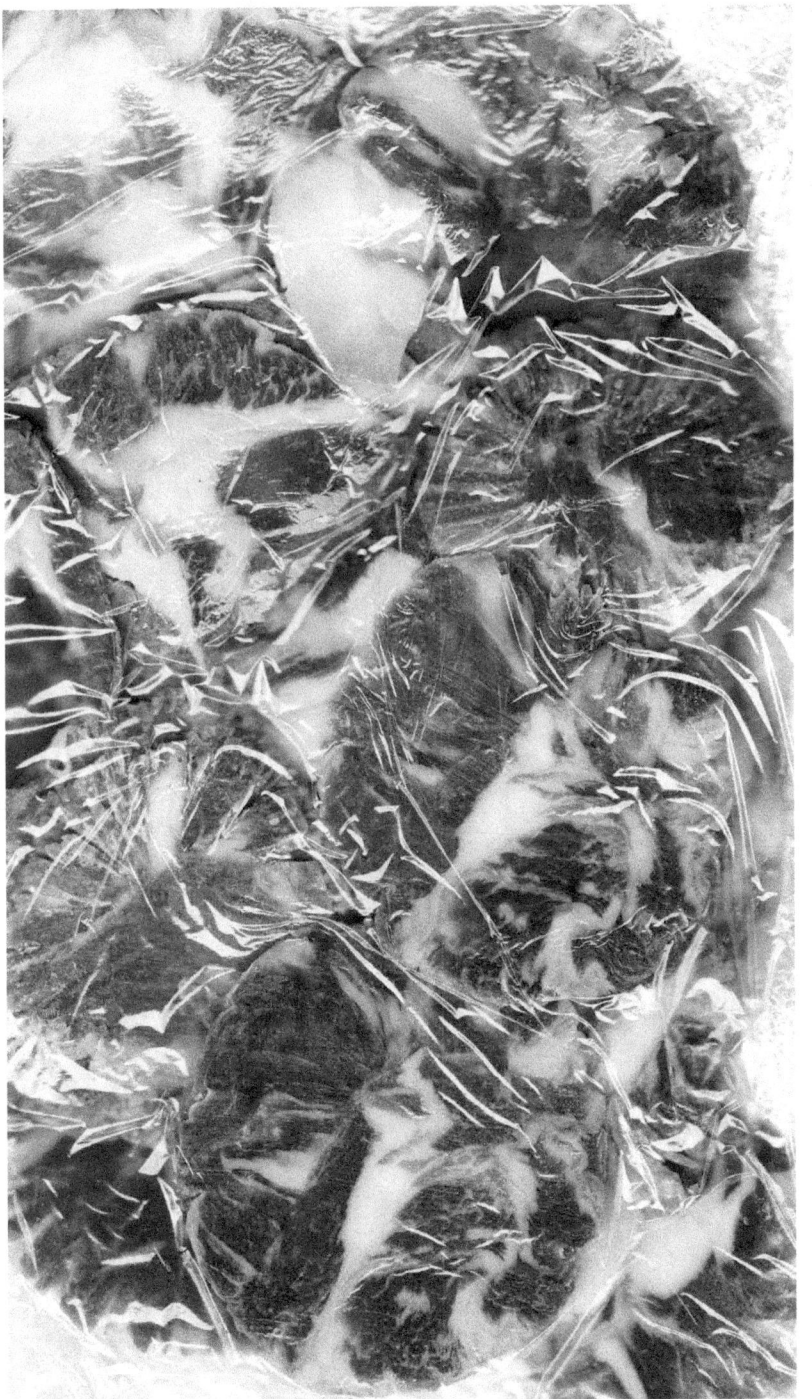

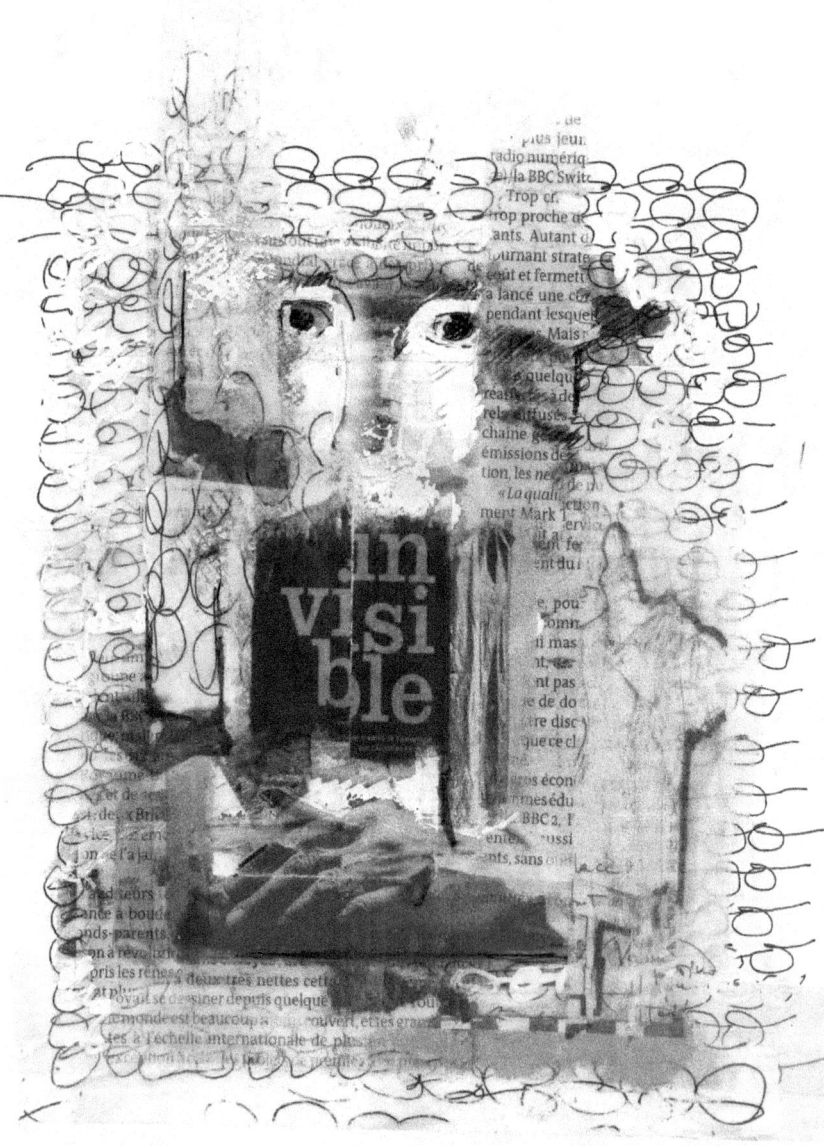

Je me cache
Je me cache derrière une organisation acquise à ma cause
je cause au nom de tous
collectif singulier
je prône l'abolition des structures sociétales
j'en renforce la mienne
l'histoire comme vérité pour m'en renforcer
m'appuyant sur les démunis pour mieux les soumettre
mon histoire faisant la leur

Je me cache
derrière ma culture, mes archives, incomplètes
derrières mes frustrations
déclarations universelles
ma tribu, mon parti, ma division
Je sais ce que vous ne savez pas
Je décide à la place des décideurs
Je sais que vous ne savez pas
reconnaître dieu

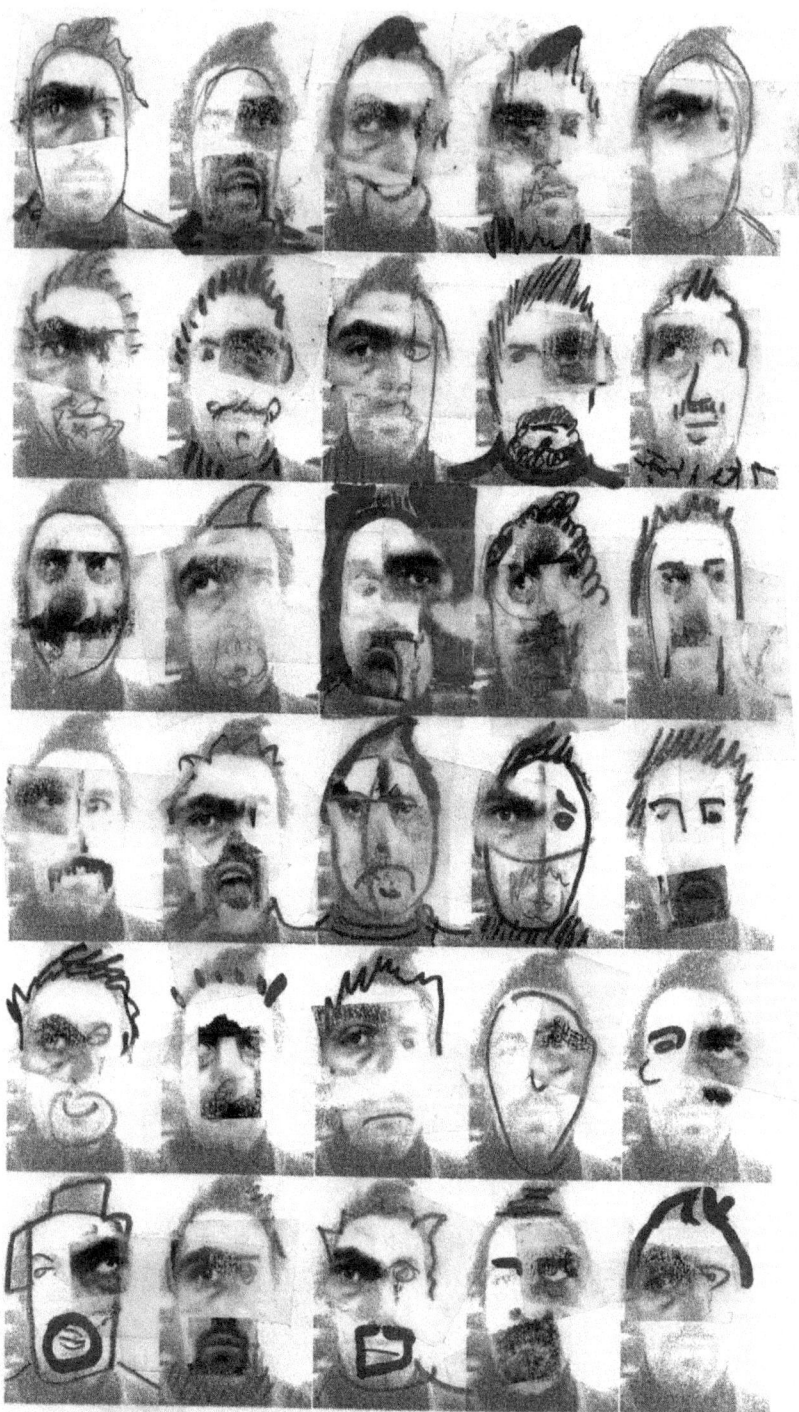

l'œil tourné vers l'interieur, fermé

l'œil ouvert sur l'exterieur voilé

le nez qui laisse passer juste ce qu'il

faut pour respirer

la bouche s'entête à rester muette

ORDRE REMIS PAR

MOI

Date d'expédition : incertaine

Mode d'expédition : par les airs

Conditions de paiement :rubis sur l'ongle

Port aucun

Emballage : oui

moi moi moi moi moi moi moi moi moi moi moi moi moi
moi moi moi moi moi moi moi moi moi moi moi moi moi
moi moi moi moi moi moi moi moi moi moi moi moi moi
moi moi moi moi moi moi moi moi moi moi moi moi moi
moi moi moi moi moi moi moi moi moi moi moi moi moi
moi moi moi moi moi moi moi moi moi moi moi moi moi
moi moi moi moi moi moi moi moi moi moi moi moi moi
moi moi moi moi moi moi moi moi moi moi moi moi moi
moi moi moi moi moi moi moi moi moi moi moi moi moi
moi moi moi moi moi moi moi moi moi moi moi moi moi
moi moi moi moi moi moi moi moi moi moi moi moi moi
moi moi moi moi moi moi moi moi moi moi moi moi moi
moi moi moi moi moi moi moi moi moi moi moi moi moi
moi moi moi moi moi moi moi moi moi moi moi moi moi
moi moi moi moi moi moi moi moi moi moi moi moi moi
moi moi moi moi moi moi moi moi moi moi moi moi moi
moi moi moi moi moi moi moi moi moi moi moi moi moi
moi moi moi moi moi moi moi moi moi moi moi moi moi
moi moi moi moi moi moi moi moi moi moi moi moi moi

et toi

faut : faire attention

uranium, fait main

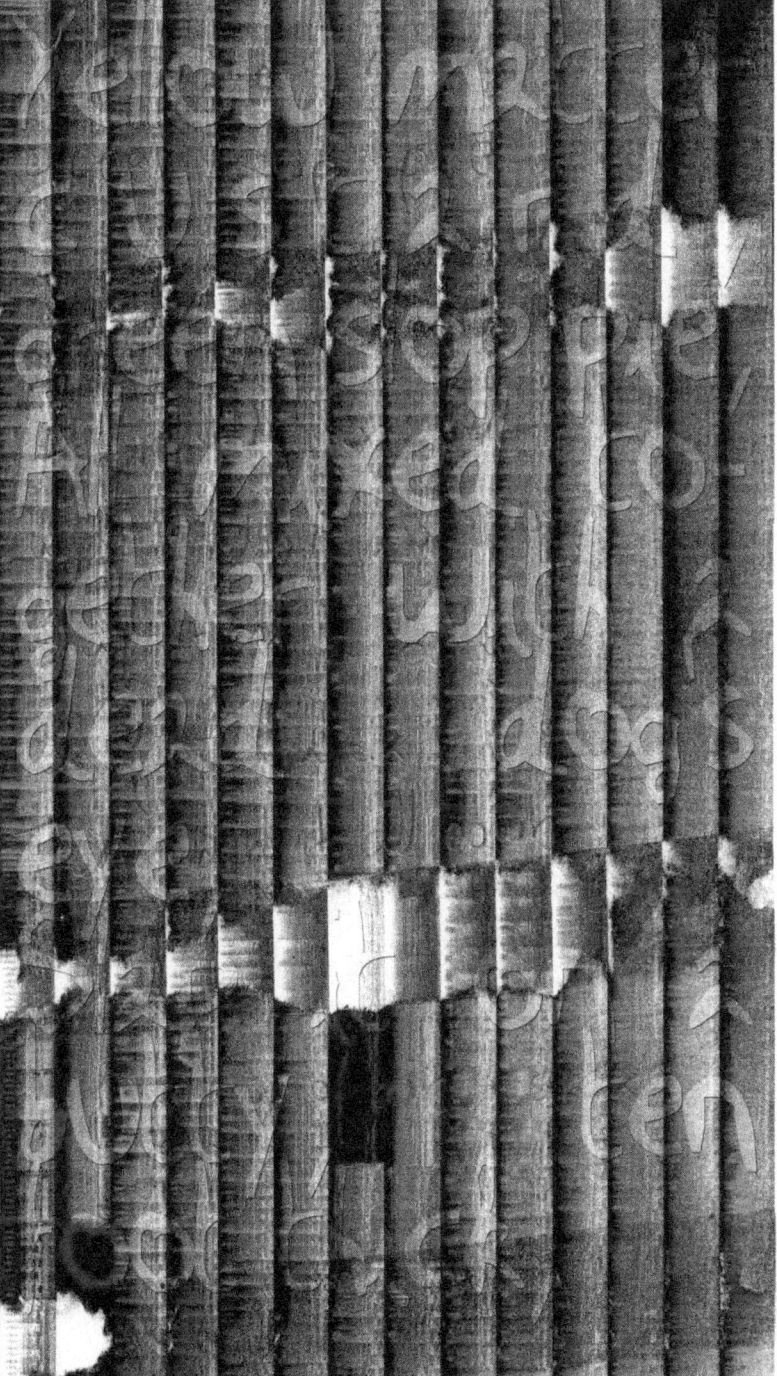

de la savoureuse merde en partage

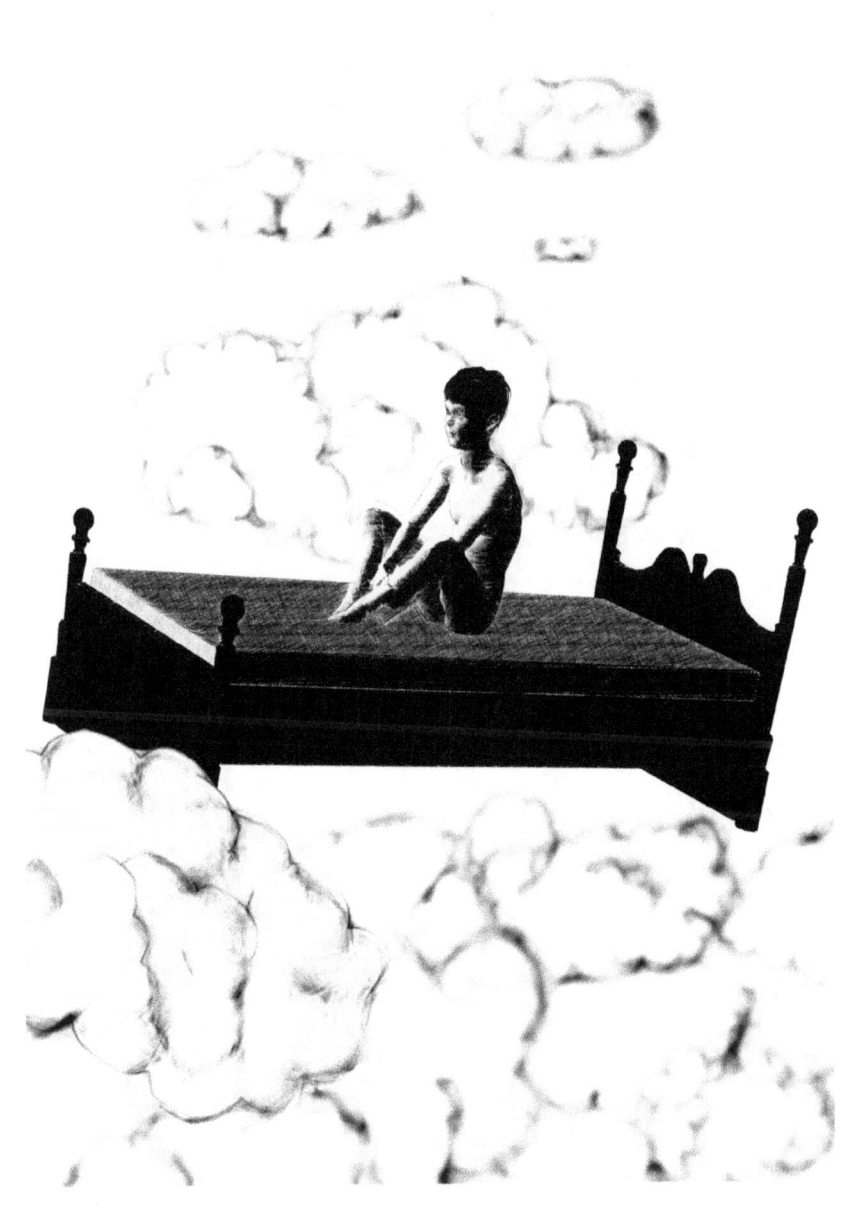

je rêve d'une vraie vie

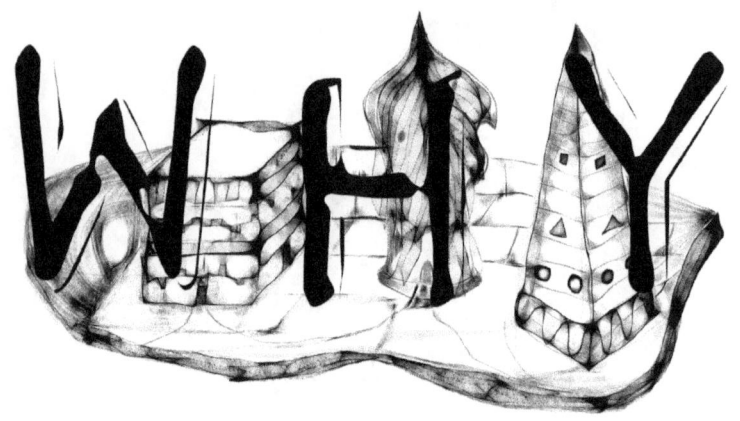

IS MY POOP GREEN

IS THE SKY BLUE

IS EVERYONE POSTING COLORS

IS A RAVEN LIKE A WRITING DESK

IS THE WORLD GOING TO END IN 2012

IS HAITI SO POOR

IS YAWNING CONTAGIOUS

IS MY COMPUTER SO SLOW

IS PLUTO NOT A PLANET

IS ART SO IMPORTANT

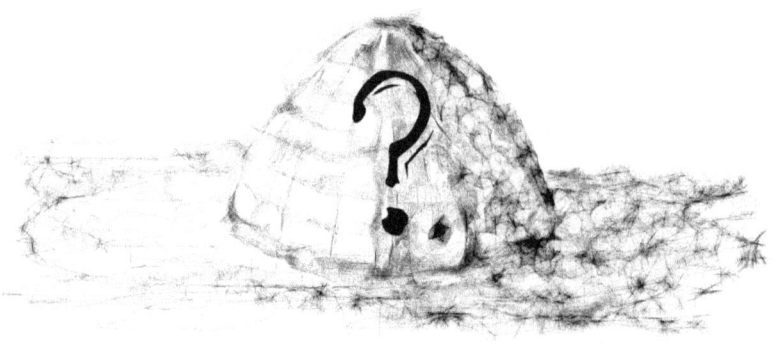

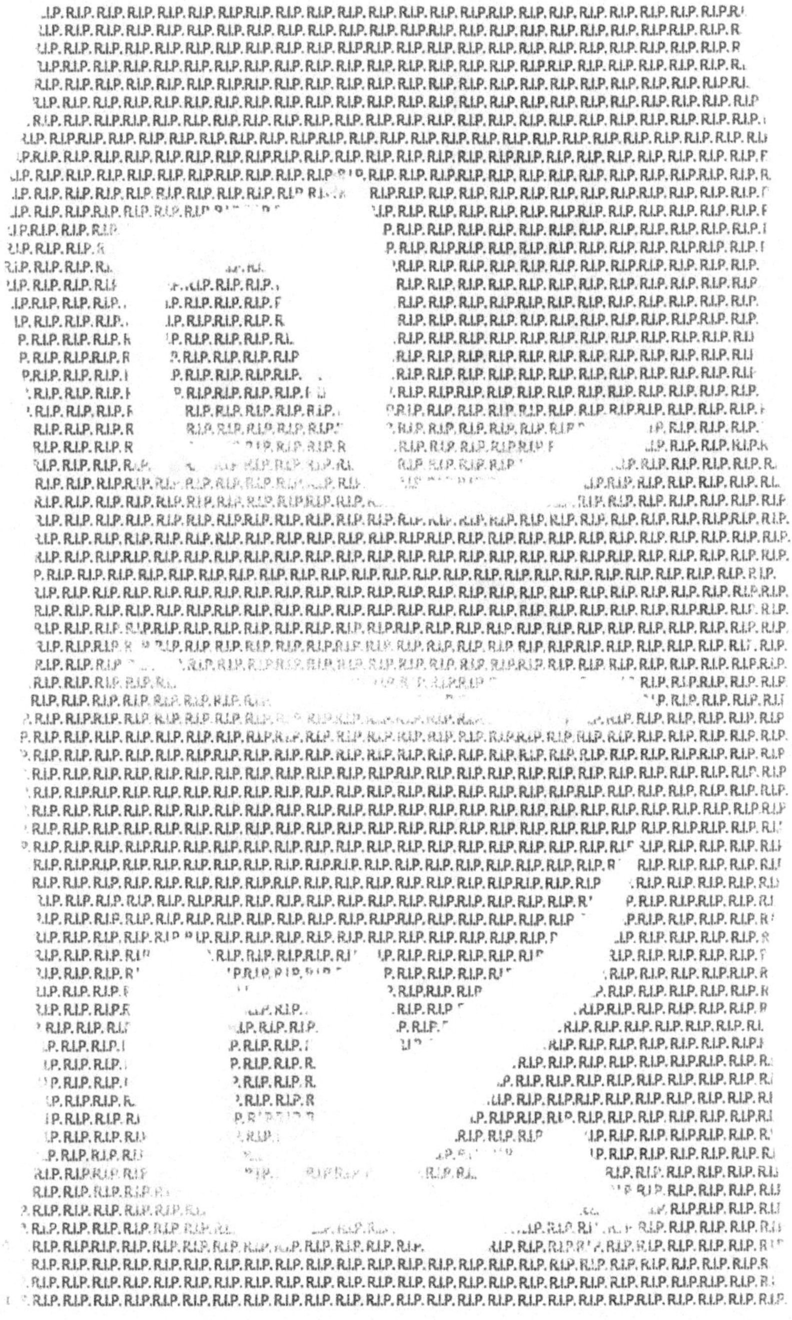

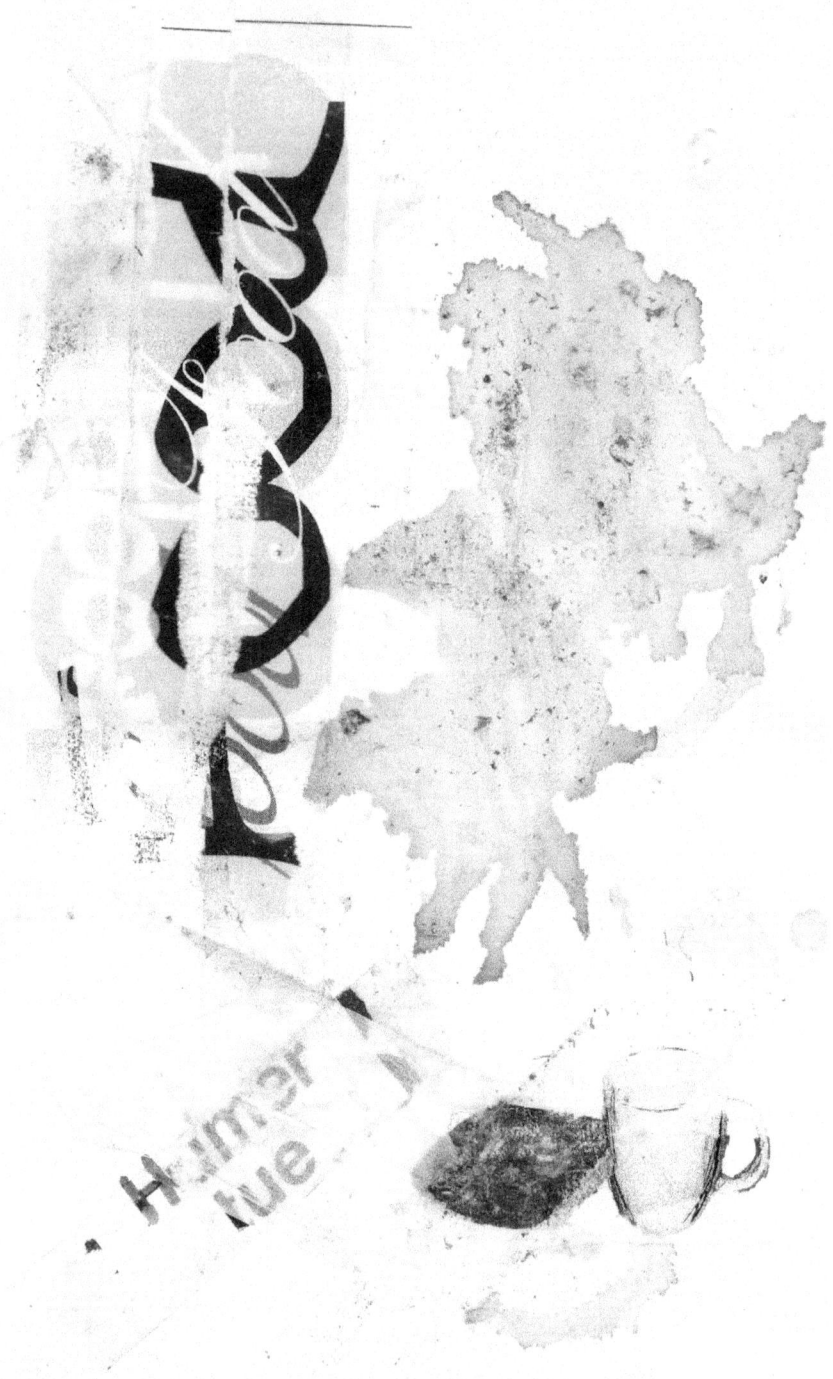

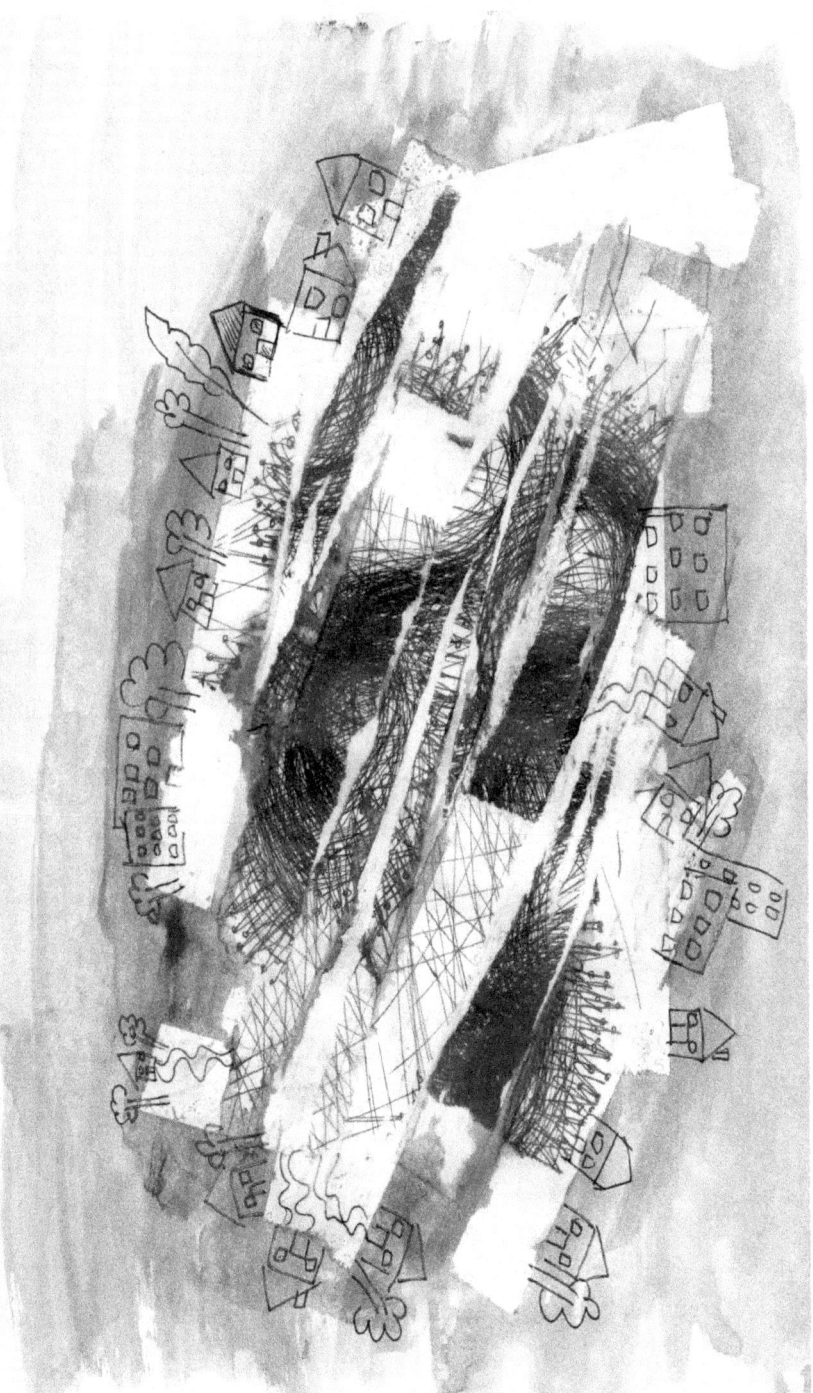

HOMMES TOMBENT

hommes tombent
homme qui tombe
abattu à l'horizon des événements
informé par leurs ordonnances
leurs ordres rances
qui dit forme difforme son intense
tas tout replié rabougri
tant à leur déplaire à ceux qui ont le dire
ceux qui disent
ceux qui jugent qui injustes
qui abattent
sur les épaules hautes vers le bas
flanche hanche débinée

nerfs énervés ex quand tout décroche
le corps d'abord celui qui tient plus
rien ne porte plus le bonhomme
homme qui tombe tout plein
le ça qui s'effondre les cannes avec
les uns après les autres hommes qui tombent
hommes tombent le dire en rien en vide
évidés des pans de chair au sol
s'évanouissent ; les hommes desserrent
ils se dévissent de l'accroche
filent inconformes aux insensés
se cacher dans la plissure quotidienne
se retenir à la poignée portée
enfourcher la dégringolade
(à le trop fléchir)
de se cogner au poteaux
les passages entravés par les gros poteaux puants supérieurs
eux en bas qui tombent eux les hauts hilares ;

eux sont prothésés, les autres amputés
laissés pour tombes
à nos pieds les tombes aux bides serrés
retroussés sur eux-mêmes ; pas le veux
le je tremblé la guibole sans félicité

hommes appauvris du sang à larmer
chutés le sens en libre chute ; essoufflés
le vouloir gonflé malgré tout pour peu
un peu de vie en sens enrobé
les mains serrées sur l'impensable tombe
sans le vouloir tomber

dedans dans le dedans édenté
la bouche en tombeau
quand les mots mous suintent flous humides ragés
sans soin d'un presque incurable ; ne tiennent plus
à la frange tirant tout le possible encore
de quoi retenir le corps, le sens et les dents
dedans tombent les écrasés

les axes les lignes les espaces les volumes
de l'ordinaire frotté aux petites choses
les petites choses à peine nommées réelles et impactées dans les
organes du monde
dans les organes de l'homme au ne plus pouvoir
les organes effondrés dérapés qui chutent
les organes qui trébuchent des hommes tombent

du trou ne plus sortir ne plus pouvoir
le pouvoir enseveli sous le mont terreux
à coups de pelles des vers dans la bouche
ne pas manger sans dents juste bons à suffoquer.

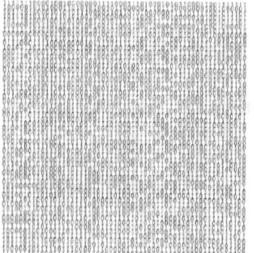

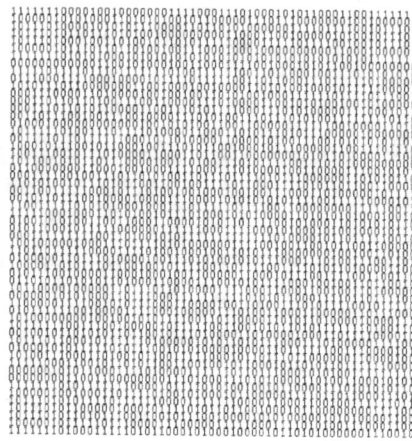

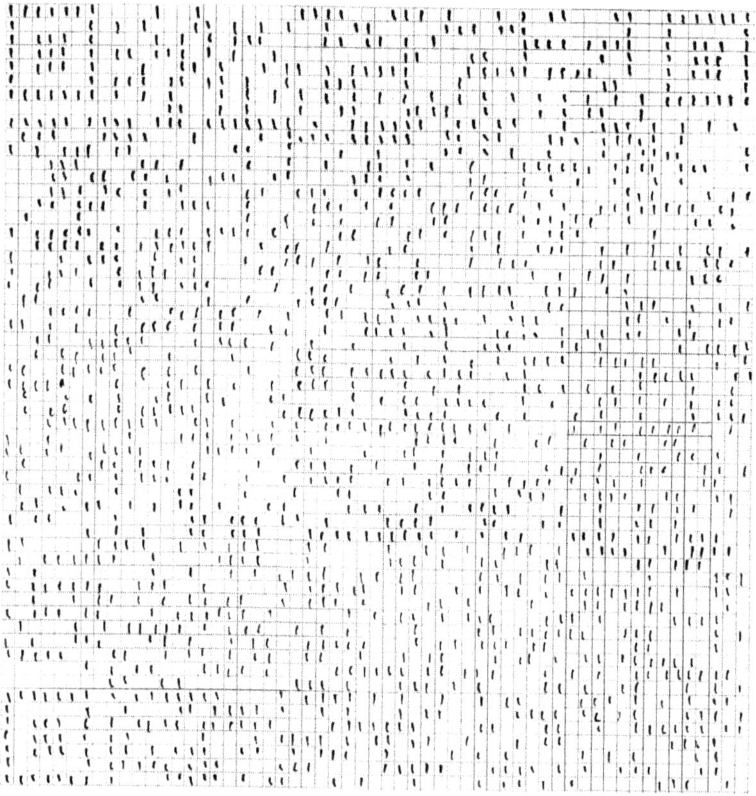

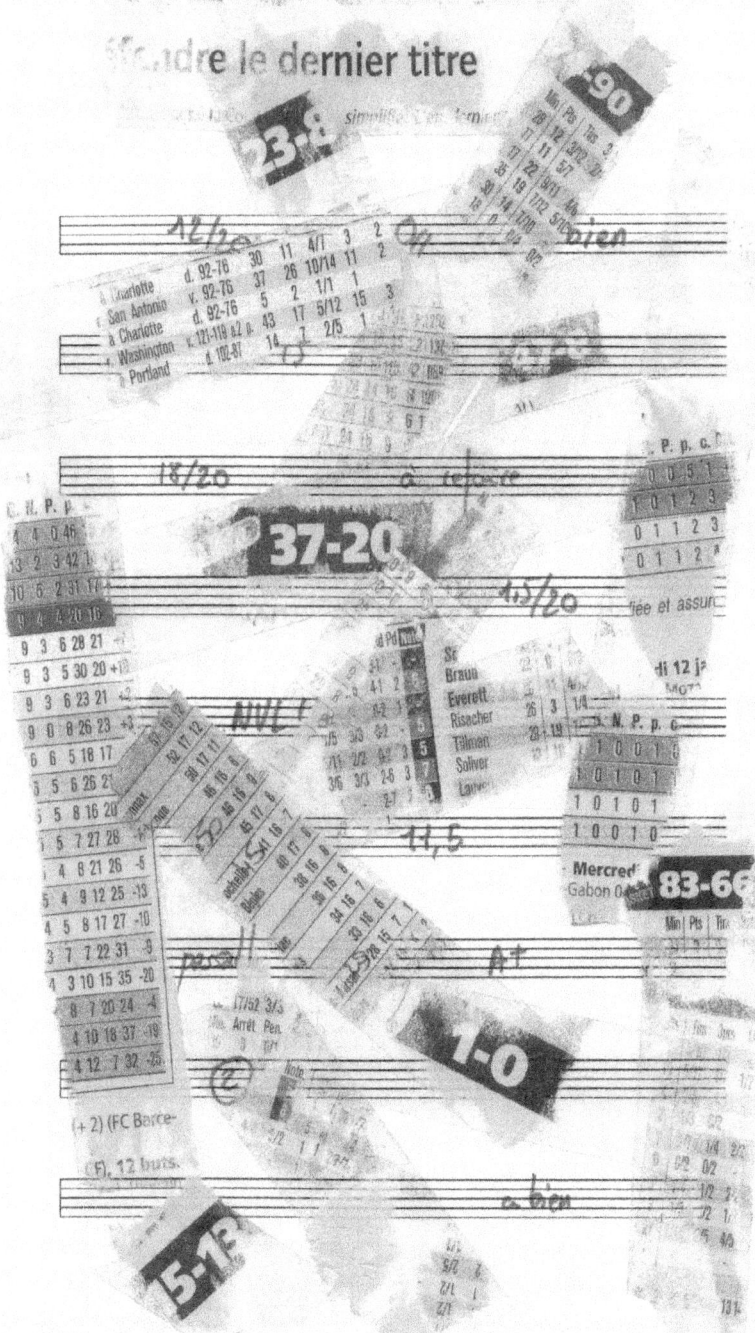

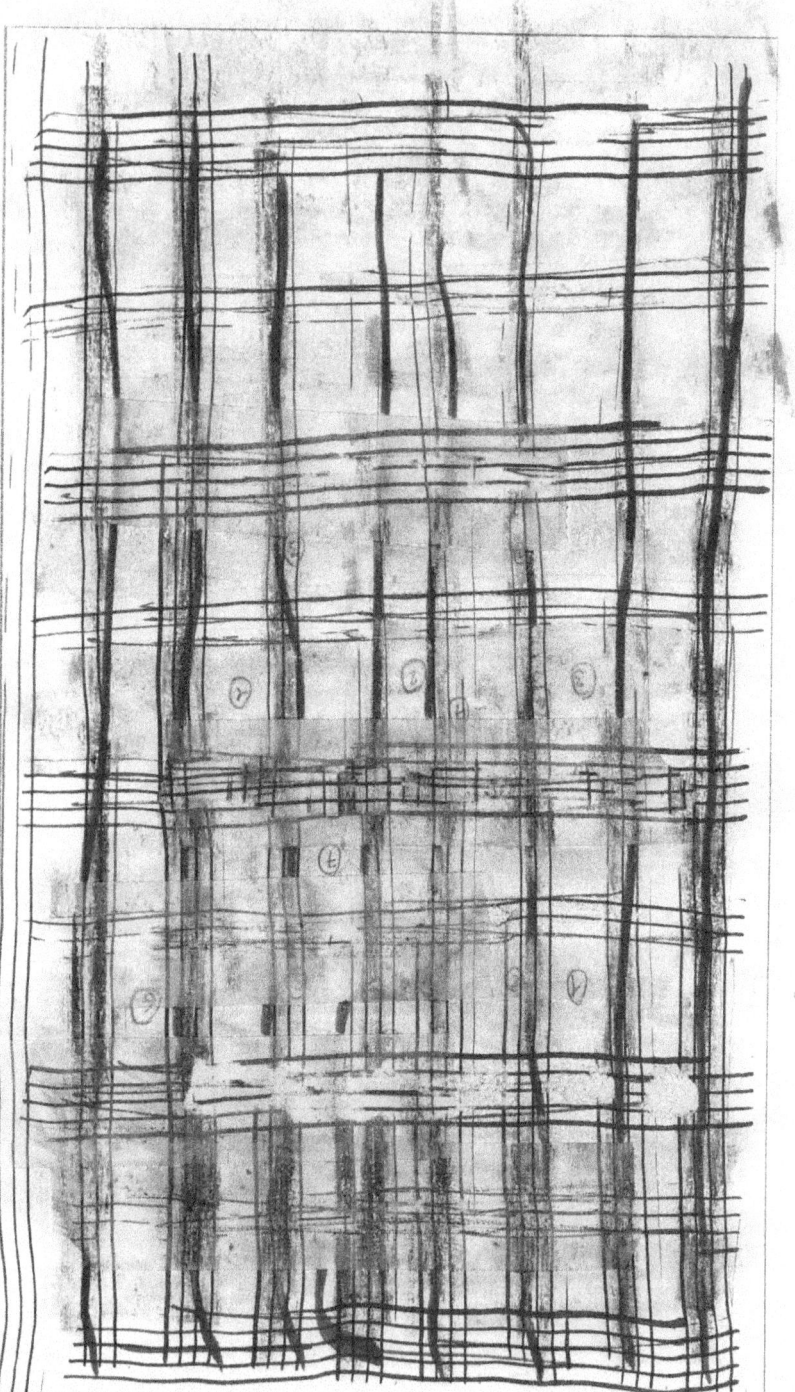

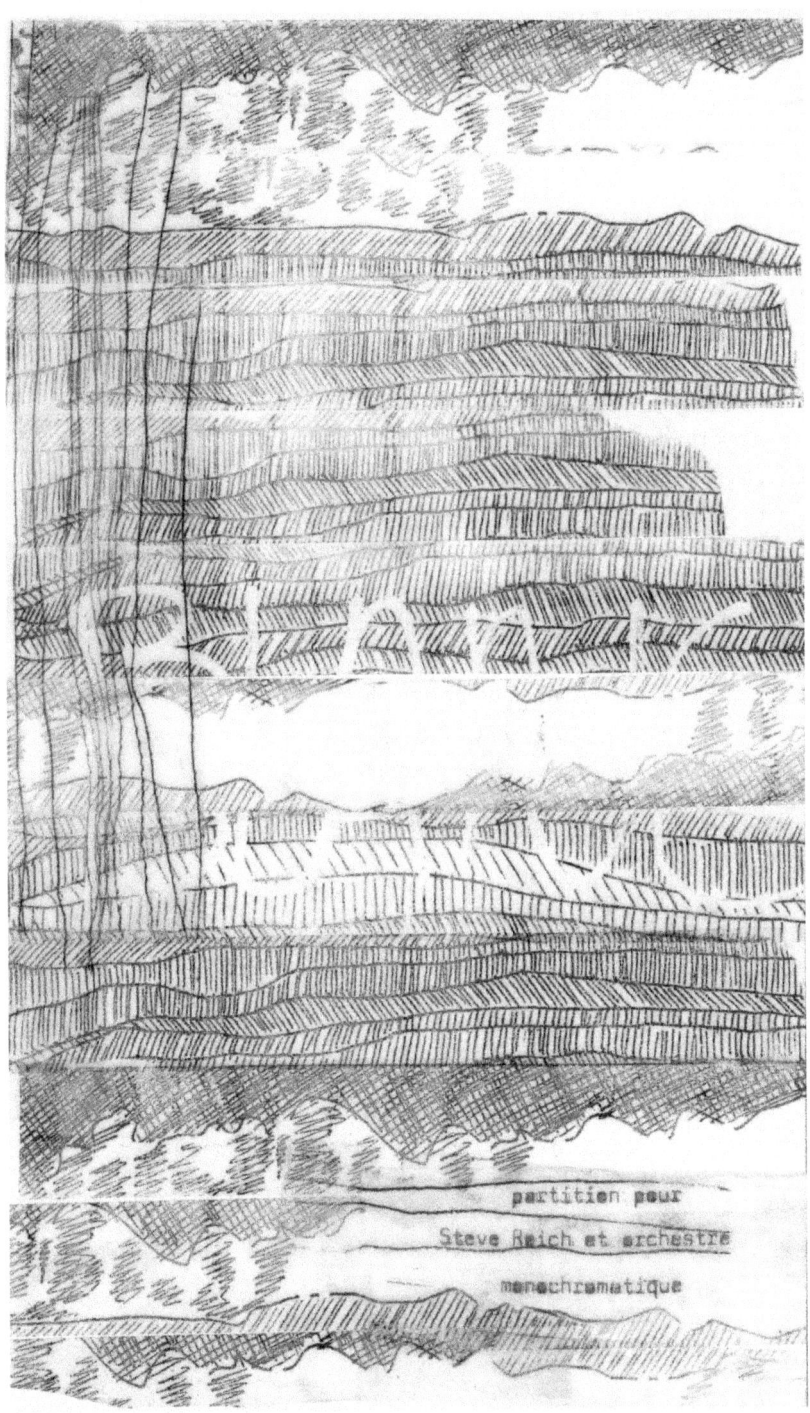

partition pour
Steve Reich et orchestre
monochromatique

je glisse; ça marche
là ça va plutôt bien
au moins je passe
ça frôle, mais je passe
ça bouge, ça circule, je me glisse
c'est fluide on se croise pas on s'évite
ça trace ça file ça glisse
c'est bon, je tiens le coup encore je prends sur moi
je tiens le coup et moi aussi, alors ça va
je tiens bien, ça se présente bien
ça glisse moins bien là, ça se fige
ça ne bouge plus
juste là vous avez vu ça ne bouge plus
ça ne circule plus plus du tout
il est là, sa silhouette ... il ne bouge plus
il s'est figé
tout stagne maintenant c'est bloqué
je vois bien c'est bloqué
j'ai peur là c'est sûr j'ai peur
je veux changer de trottoir, je change de trottoir, je traverse
traverser traverser je traverse pour changer de trottoir
de l'autre côté, c'est bon j'y suis
ça circule et moi je glisse.

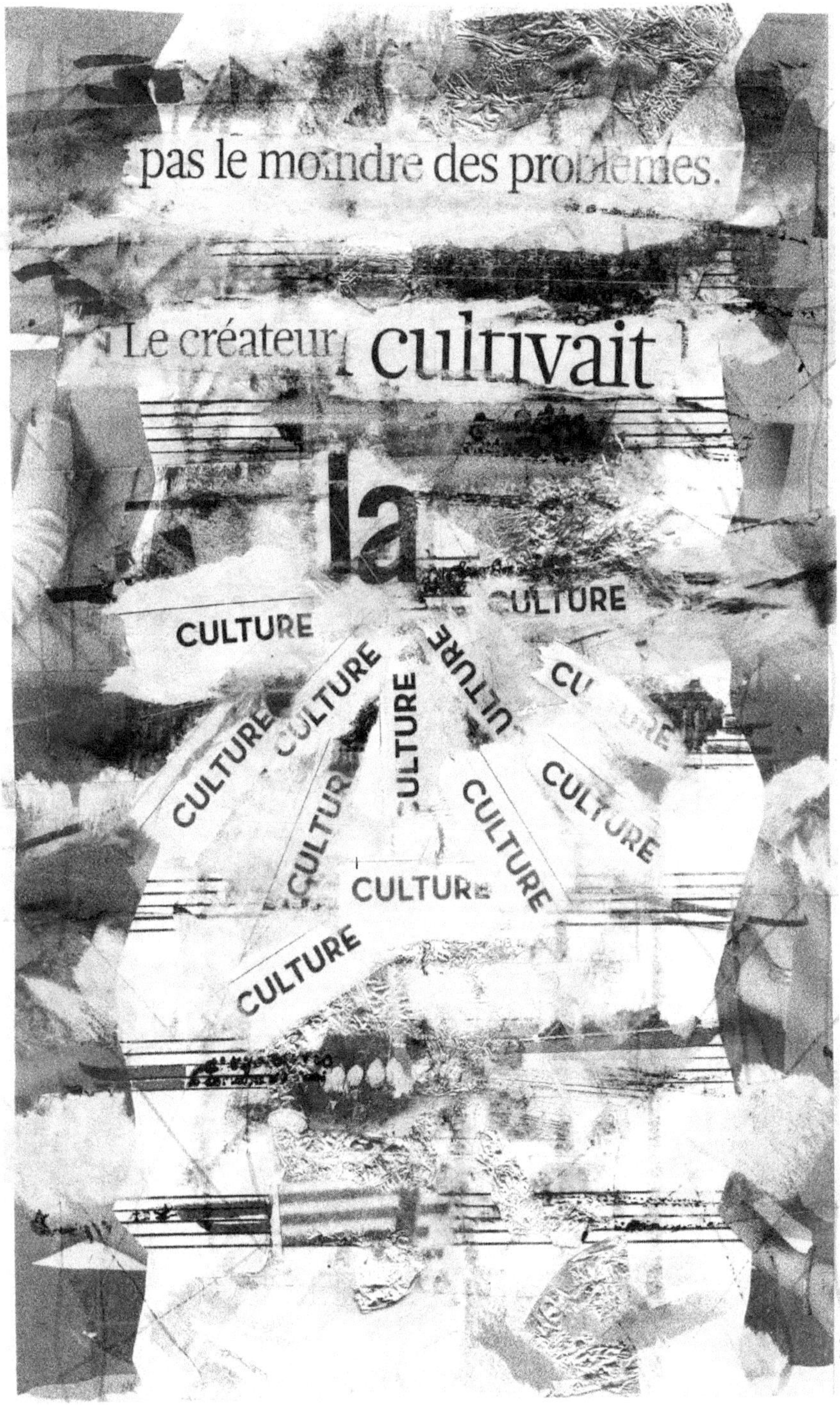

pas le moindre des problèmes.

Le créateur cultivait

la

CULTURE

CULTURE

CULTURE

CULTURE

CULTURE

CULTURE

CULTURE

CULTURE

CULTURE

CULTURE

CULTURE

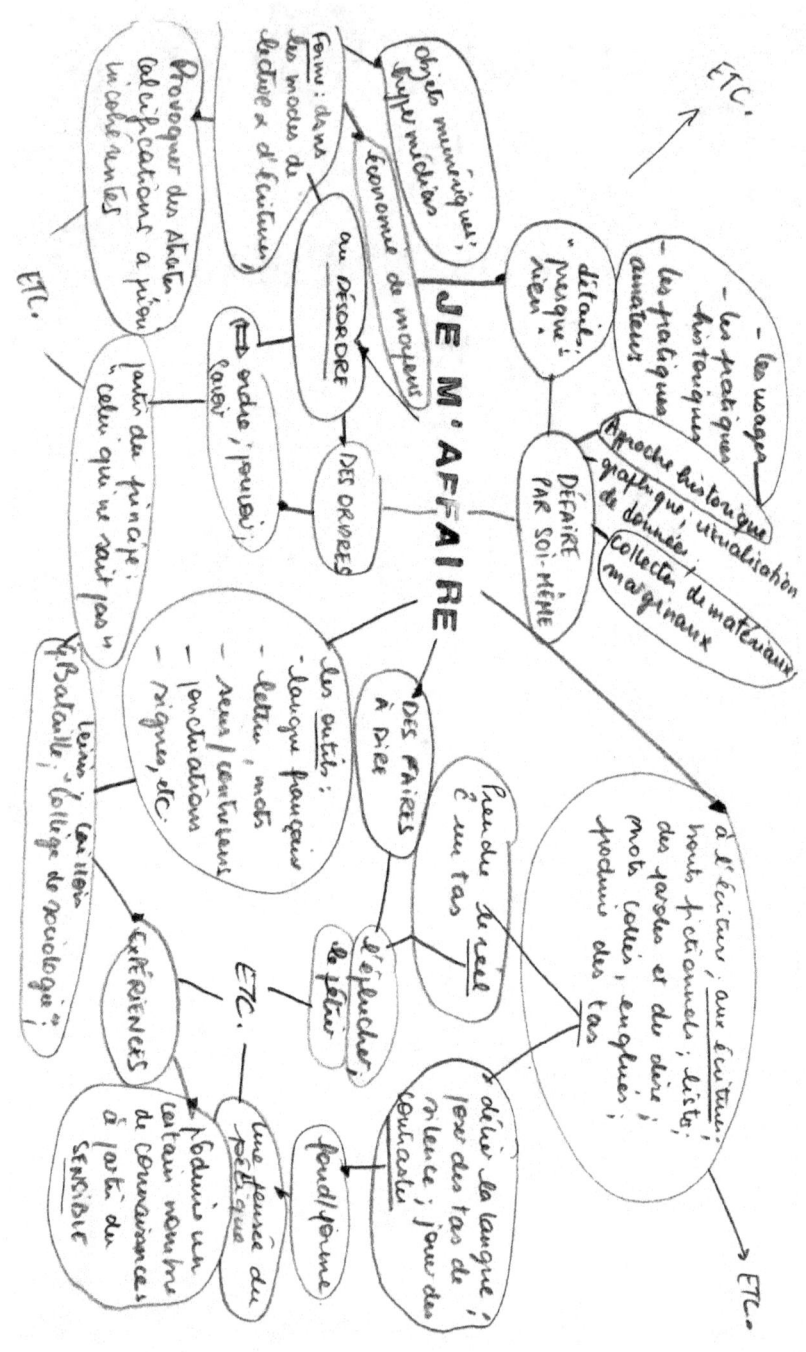

JE M'AFFAIRE

ETC.

Objets numériques type métier

Fini : dans les modes de lecture & d'écriture

économie de moyens

Provoquer des états, la signification a priori incohérentes

ETC.

au DÉSORDRE

(= ordre ; jouer) (oeuv)

DES DÉRIVÉES

- les usages
- la pratique historique
- la pratique amateur

détail ; masque ; lien

DÉFAIRE PAR SOI-MÊME

Approche historique, graphique, visualisation de données

Collecter de matériaux marginaux

fini du fini ; « celui qui ne sait pas »

leur critère Bataille ; lettrage de sociologie »

DES OUTILS - la langue française

- lettre ; mot
- New/écritures
- ponctuation
- ligne, etc.

DES FAIRES À DIRE

Prendre le réel à un tas

l'éplucher la flux

à l'écriture ; aux écritures ; haut ; rationnel ; listes ; des pastes et du délire ; des lettres ; en plus ; produire des tas

EXPÉRIENCES

produire un certain nombre de connaissances à partir du SENSIBLE

une pensée du politique

fonctionne

ETC.

délier la langue ; jeu des tas de ; violence ; jeu des sensations

ETC.

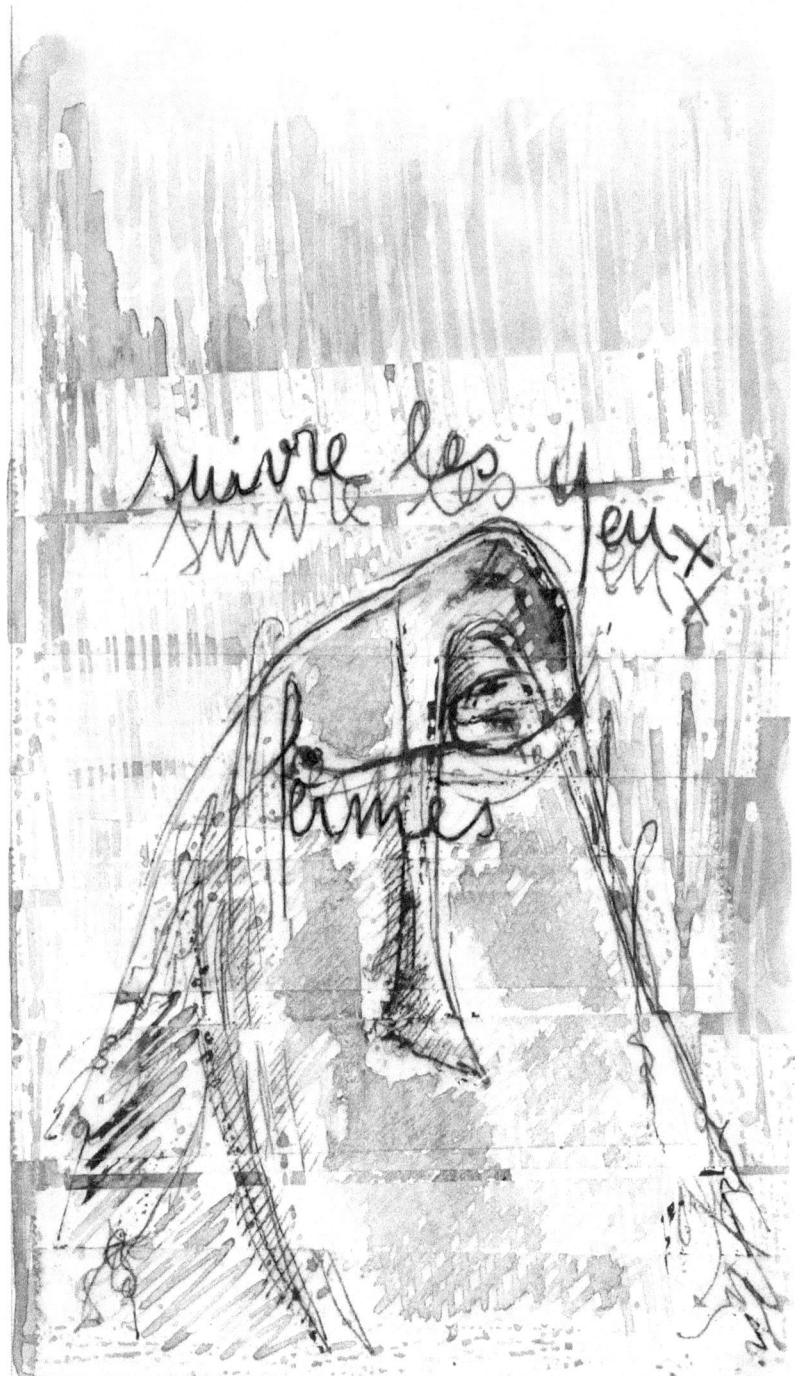

pleurer sa dose ; le sourire qui coule

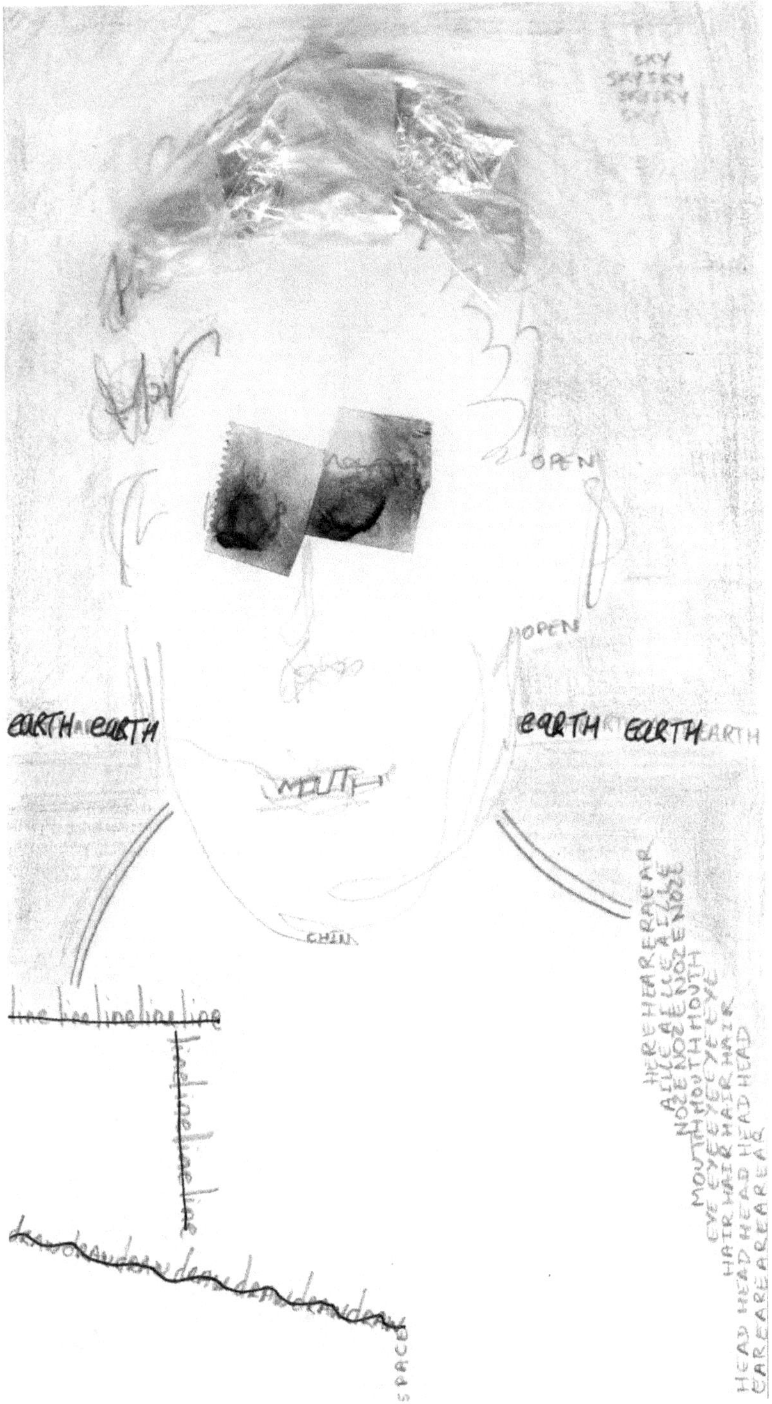

SKY
SKYSKY
SKYSKY
SKY

OPEN

OPEN

EARTH EARTH   EARTH EARTH EARTH

MOUTH

CHIN

Line line line line line
line line line line
deandeandeandeandeandean

SPACE

HERE HEAR HEAR EAR
ALICE ALICE ALICE ALICE
NOZE NOZE NOZE NOZE
MOUTH MOUTH MOUTH
EYE EYE EYE EYE EYE
HAIR HAIR HAIR HAIR
HEAD HEAD HEAD HEAD HEAD
EAR EAR EAR EAR EAR

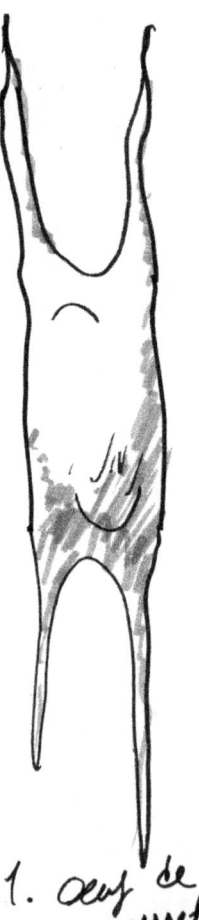

fig 1. œuf de
rossette

L'óno m'a tope

eha !.   #ii

ougne hue   #o !!

abai té

hoou   onatchouzee   **123** 1.2.3

ouillaillaille

Oumph , paf , poom pimba

bim bam boof ?.#@

poètes

pécho ! ||| quiches |!! Kich

ouche

oush !

je veux révolutionner la société !

- tu veux pas qu'on baise plutôt ?

TROUVE TA PLACE VAS Y
PUTAIN TROUVE TA PLACE
REGARDE UN PEU AUTOUR
DE TOI OUVRE TES PETITS
YEUX ET TROUVE TOI TA
PLACE C'EST PAS EN RES-
TANT LA EN PLACE SANS
CHERCHER QUE TU TROU-
VERA ↓ TA ↓ PLACE ↓ ET
ENCORE MOINS LA PLACE
QU'IL TE CONVIENT ALLEZ
CHERCHE ET TROUVE TA
PLACE TA BELLE PLACE A
TOI QUI RESPIRE SA MASSE
PAR L'ESPACE EN PLACE
CA RESTE EN PLACE RIEN
NE DEPASSE C'EST BIEN
TA PLACE CETTE PLACE

J'VEUX PAS M'EMPORTER MAIS ON FAIT DU SUR PLACE

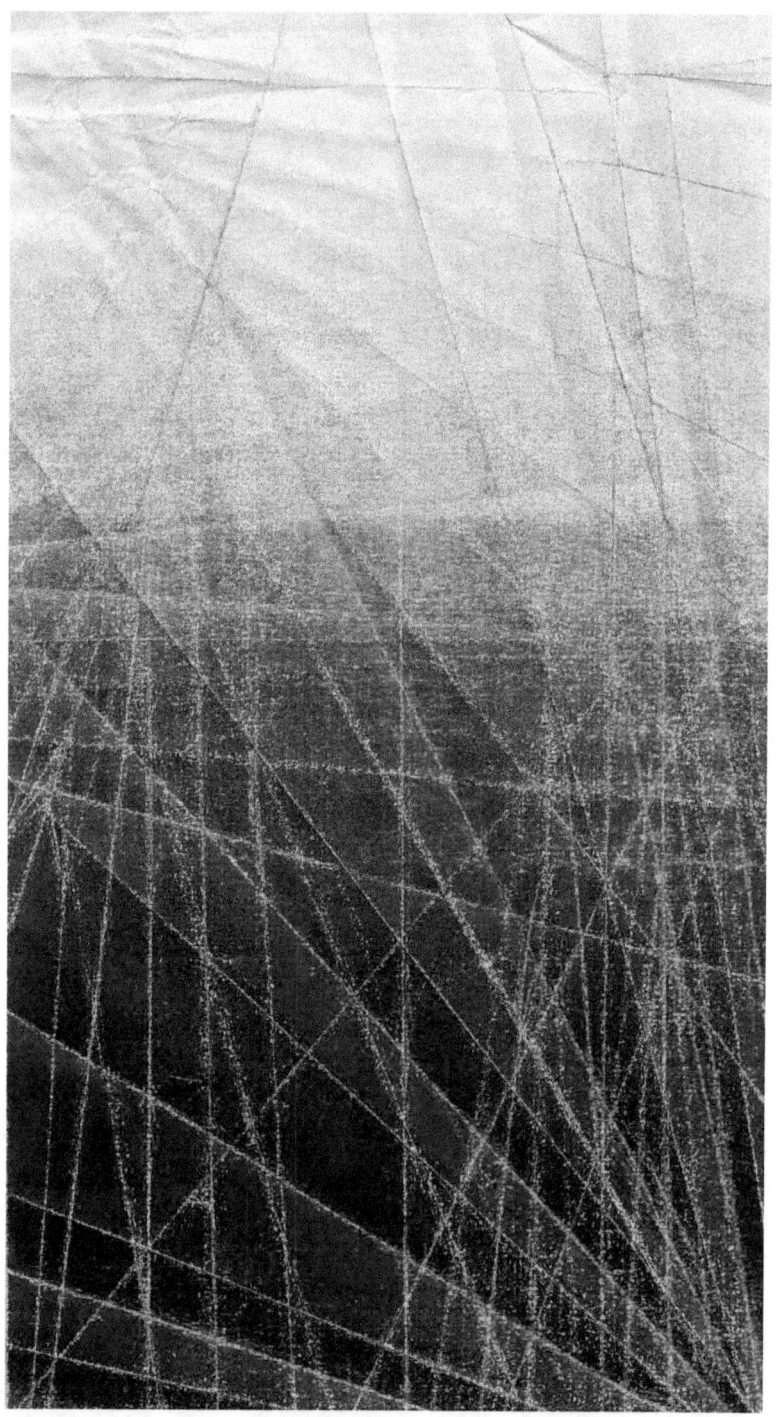

moudre l'air ; disloquer la langue

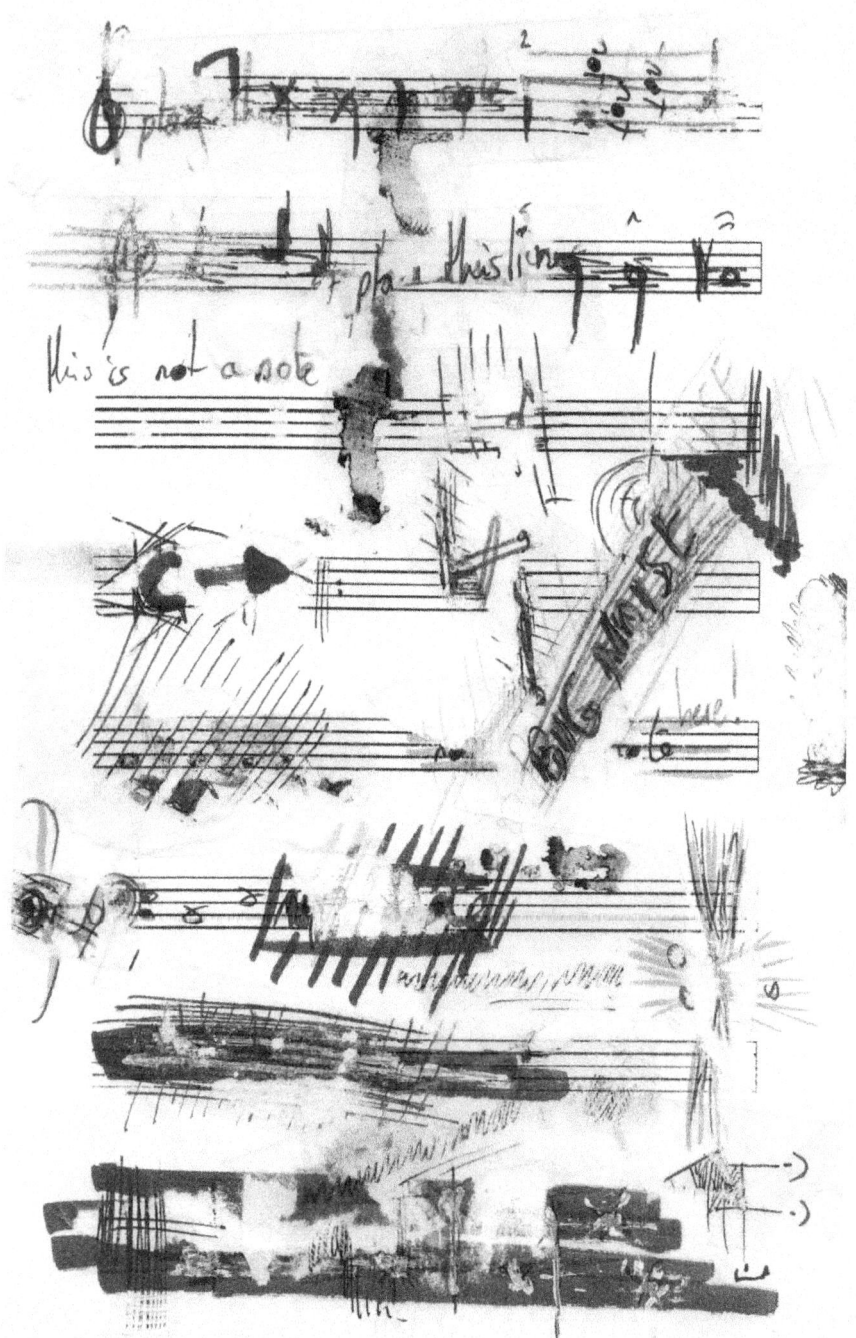

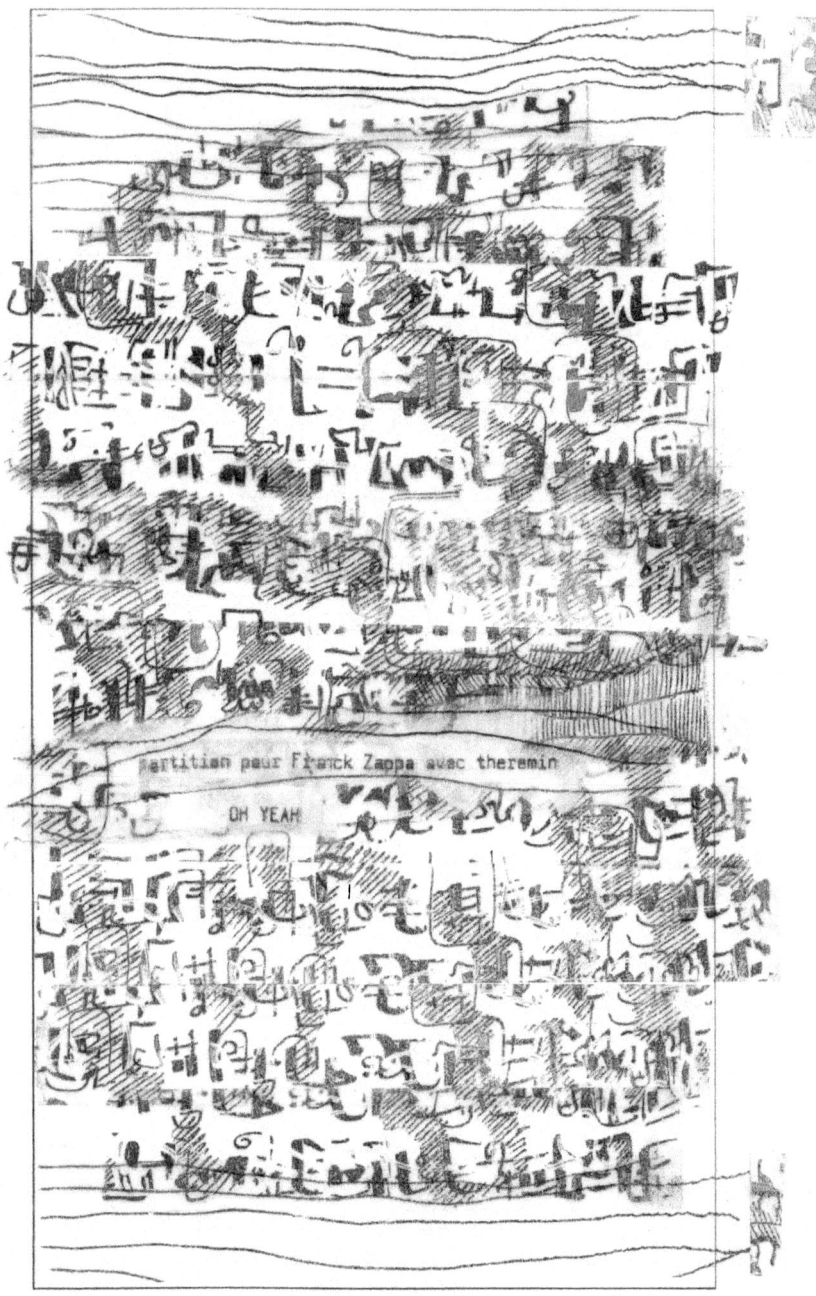

artition pour Franck Zappa avec theremin

OH YEAH

CET ACHAT FUT EFFECTUÉ
AVEC PURSE & MONEY

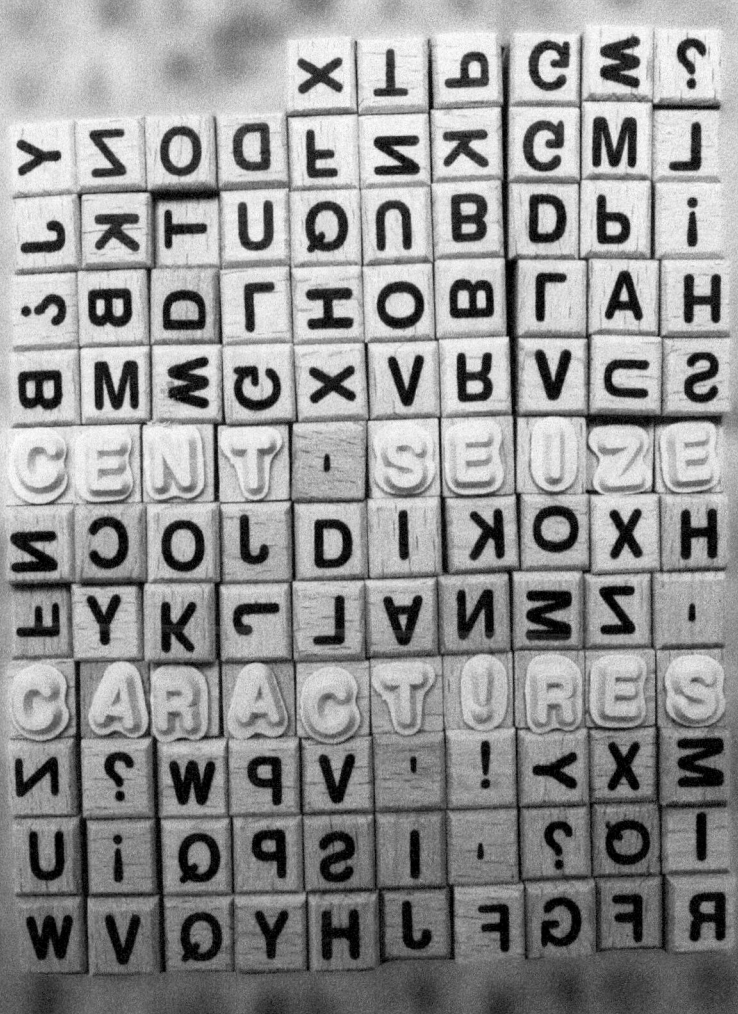

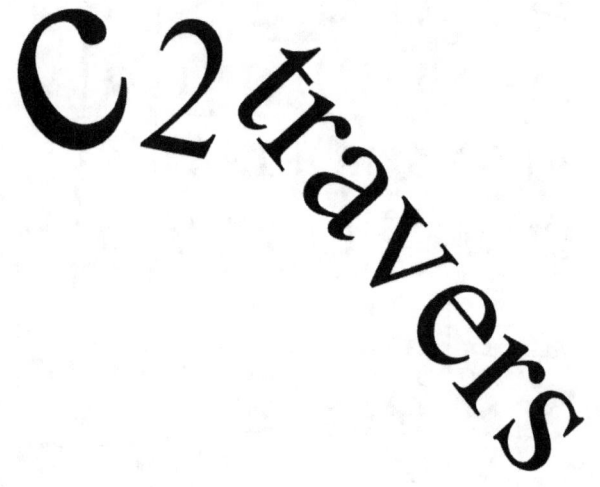

C2travers

seulement deux ?

c'est toi qui bois une bière ?

non c'est toi.

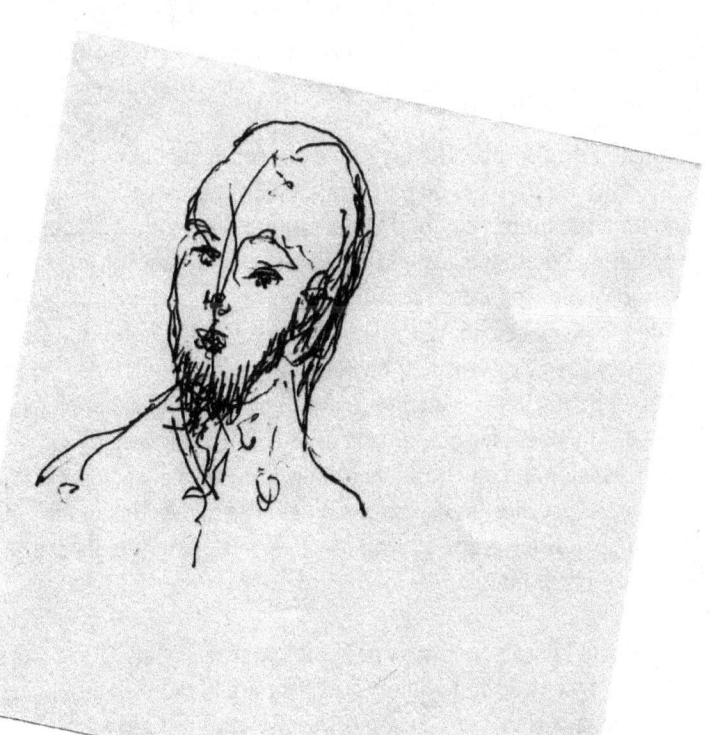

Ouverture imminente ? Un rot le corps.

Faites une autopsie. Là c'est nécessaire, il le faut qu'il me dit ; y a pas le choix. Une autopsie, faut ouvrir. Tout ouvrir. Faut trouver d'où vient le malaise. Parce qu'y a eu un malaise. Un bordel de malaise ; un détail décloué, un peu de travers sans doute ; en tout cas un truc. Il y a un truc. Y a eu un truc, un machin qui a tout ébranlé. Tout à terre. A un moment donné, faut entamer le morceau. Trancher nettement dans le tas. C'est le moment, après c'est trop tard ; les remontées odorantes où on vomit, ou au moins à ce moment-là on commence à avoir le corps qui rote. Plus on attend plus le corps rote, il rote jusqu'à vomir. Après tu vomis ; à tous les coups tu vomis. Alors vite prendre la décision. La faire ou pas faire ? Pas le choix ; il a commencé par dire : pas le choix. Il articule fort en balançant cette impasse. Comment se rassembler pour se persuader face au mur qu'il faut ouvrir (ou sinon gare au corps qui rote).

Autopsie : rare. Démarche mystique qui selon les Grecs permettait de contempler les dieux et de participer à leur puissance.
Au deuxième point : examen systématique d'un cadavre. Examen systématique de toutes les parties, de tous les organes d'un cadavre. Un mort quelqu'un est mort, faut un mort pour parler de cadavre si pas de mort pas de cadavre. Quelqu'un est mort. Quelqu'un est cadavre et il va l'ouvrir, le trancher. Trancher c'est décider. Trancher de décider dans le tas, nettement, avec une lame courte et bien pointue. Mais décider qui, qui est décédé ? Il a disparu, elle a perdu son corps, alors on va le trancher pour voir ; les yeux propres. Pour bien voir. Il est mort mais je ne sais pas. Pas tâchés, les miens, mes yeux, mais j'ai les corps qui rotent. C'est systématique, j'y pense et les organes remontent.

Je le vois je le crois je le vois pas je le crois pas. Mais là j'ai pas vu je crois pas. Qui va se faire autopsier ? Je veux bien voir sinon.
Se laisser sans rien dire, sans mordre, si c'était moi, je mordrai et je me refuserai à cet exercice.

Examiner systématiquement toutes parties : une démarche mystique pour contempler.
Je contemple toutes les parties par un examen mystique ; systématique, encore ?

Et là il me pousse ; une petite tape sur l'épaule qui me pousse. Vous m'entendez ? Une autopsie je vous dis vous en dites quoi ? Je lui dis l'histoire des dieux, la puissance pour être mystique, pour voir dedans faut ouvrir d'après les Grecs connais pas j'ai pas vu mais c'est ce qui se dit qu'il faut faire pour contempler les organes faut les voir sais pas si j'en ai des organes à voir c'est pour moi l'autopsie j'ai pas bien compris. Rien d'ailleurs ai rien compris rien vu. Les parties extérieures et intérieures, dehors c'est vu mais dedans parce que comment savoir si y a des organes là dedans si faut ouvrir pour voir c'est risqué de croire ça quand même. Mon corps sans organes ça s'envisage ça se voit pas ça se croit ça c'est mystique c'est comme une autopsie sans lame pas besoin.
Un corps qui rote qui veut voir c'est les organes qui remontent vers les dieux jusqu'à se contempler vomir. Qui remontent alors si les parties du dedans y en a pas ?
Il voit rien il n'a pas ouvert encore. Il me pousse alors je dis pas de membres intérieurs pour faire roter tout ça vaut pas le coup de couteau (une lame bien fine pour une rigueur du trait ; une tranche bien fine).

Ai pas compris. J'entends un bruit. J'entends un bruit. Ttttttt. Qui a poussé encore ? Vous m'entendez ?
je crois que j'ai les organes qui crient.
Donc j'ai des organes. Ils crient fort. Je les ai toujours pas vu, c'est pas nécessaire je crois pas aux dieux je vomis mais je vois rien que des spasmes et des coulures dans la bouche un peu dedans un peu dehors dedans on voit on voit pas on voit on voit pas.
Il y a plus à ouvrir. Ne plus ouvrir ; plus nécessaire. Un peu plus encore ? On ferme. Ai bien compris ai vu un peu du dedans ; c'est rare tout qui rote.

mon apopathodiaphulatophobie m'emmerde

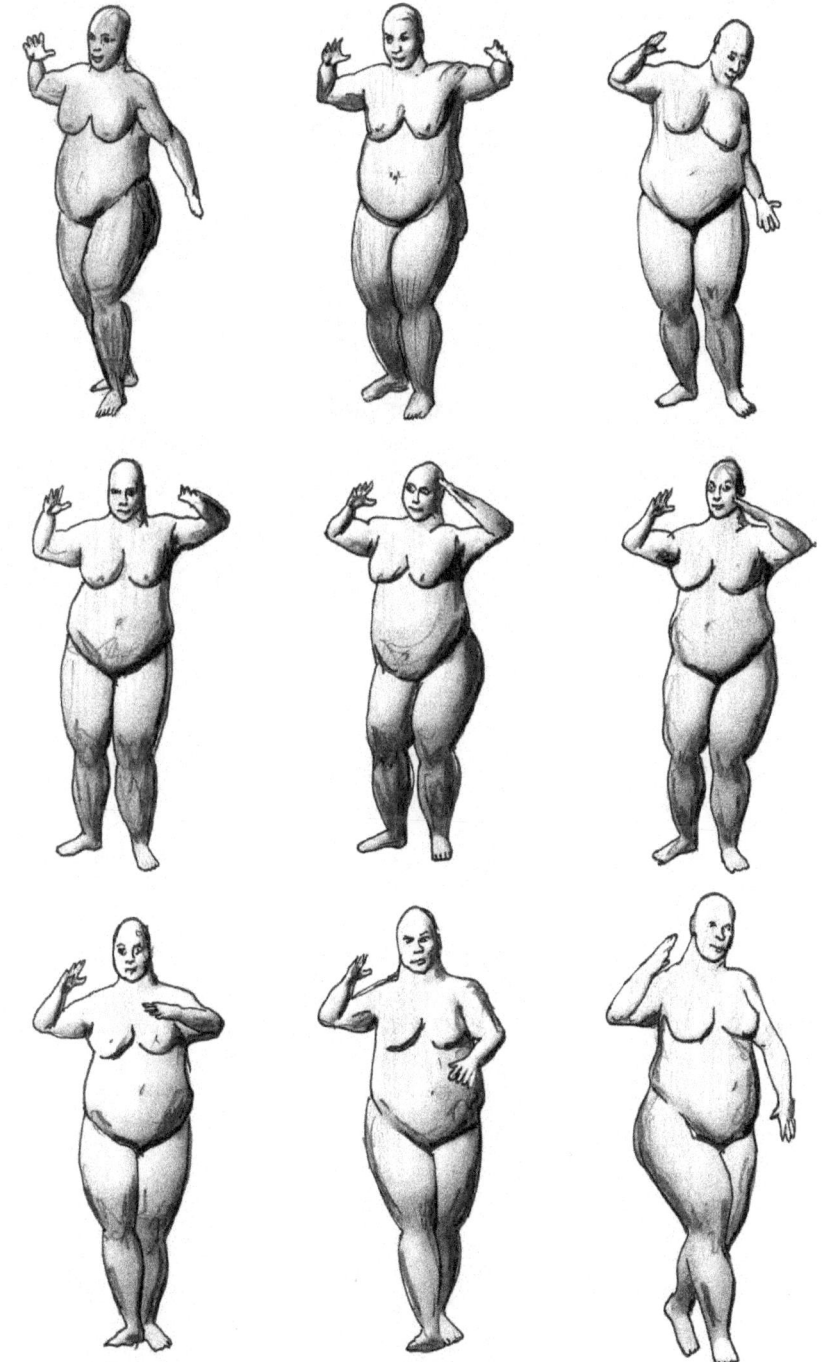

j'suis néo-ringard

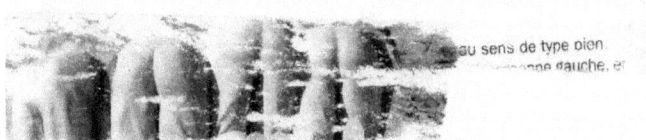

au sens de type bien.
...onne gauche, e...

c'est un type bien c'est sûr
vrai

quartier." Quelques jours plus tard, après avoir
demandé à un collègue de procéder à des
vérifications, W...

type bien
vrai, il en
on peut rien
de bon.

On ne spécule plus.

...ciel, et un projet visant à le démolir est   ...

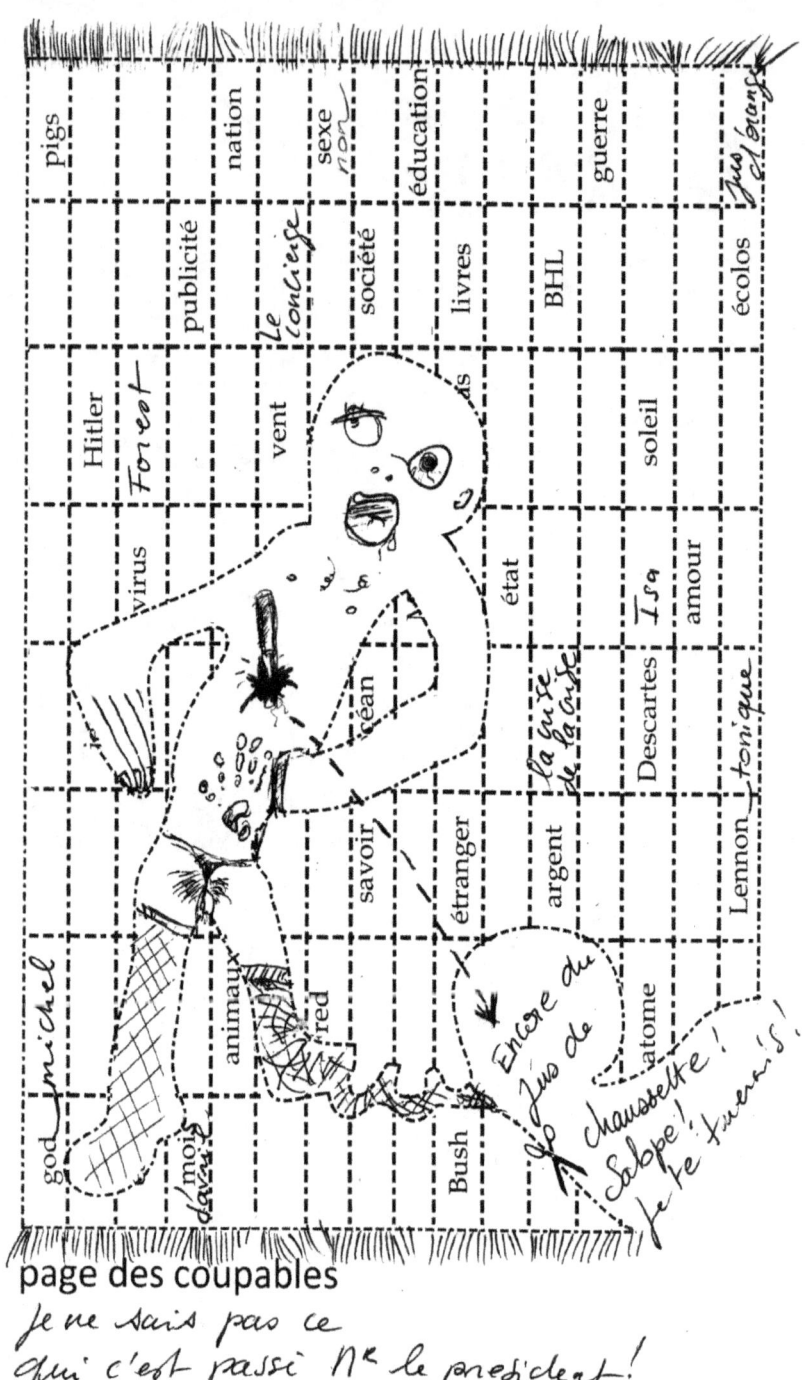

page des coupables

Je ne sais pas ce qui c'est passé Mr le president!

j'évite toute la collaboration GRATUITE avec "LA" police

je préfère faire la morale
que retrouver le mien

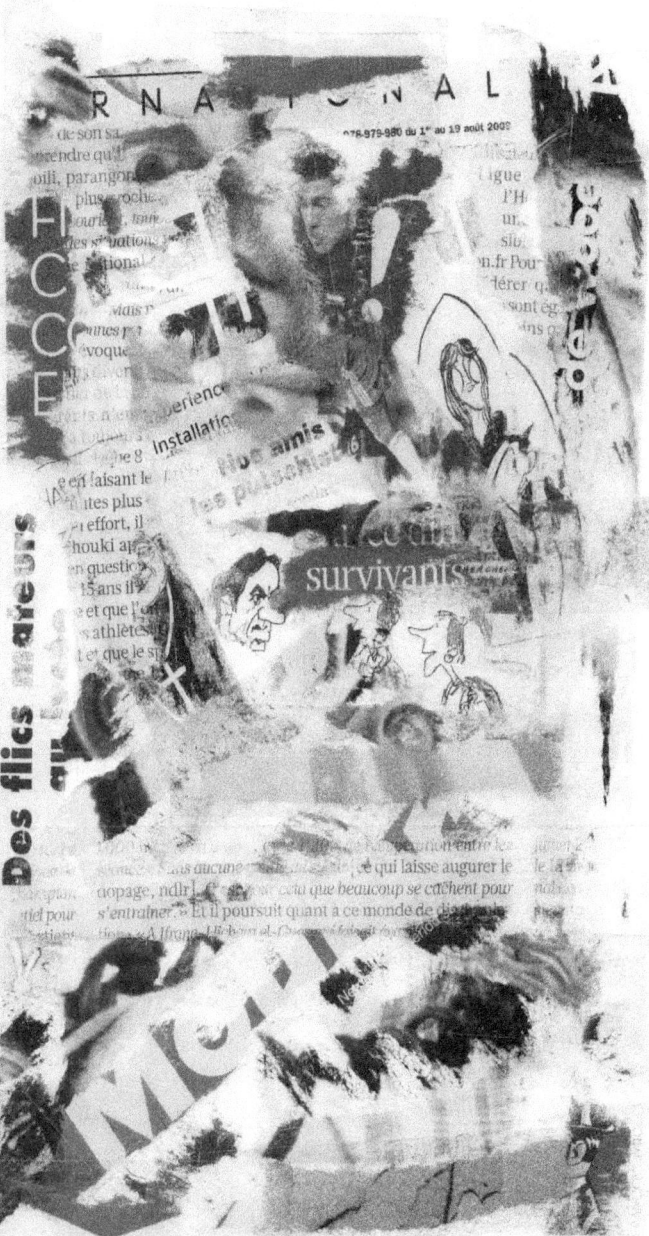

c'est le ventre qui m'habite

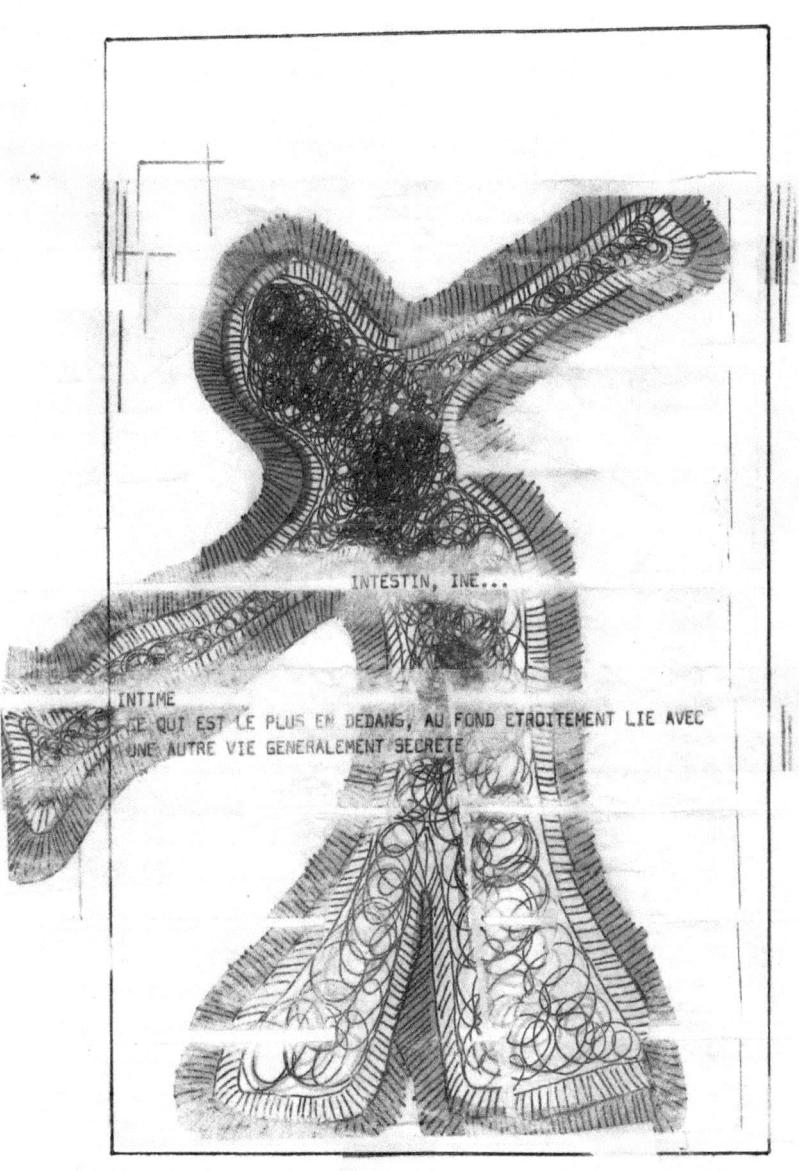

INTESTIN, INE...

INTIME
CE QUI EST LE PLUS EN DEDANS, AU FOND ETROITEMENT LIE AVEC
UNE AUTRE VIE GENERALEMENT SECRETE

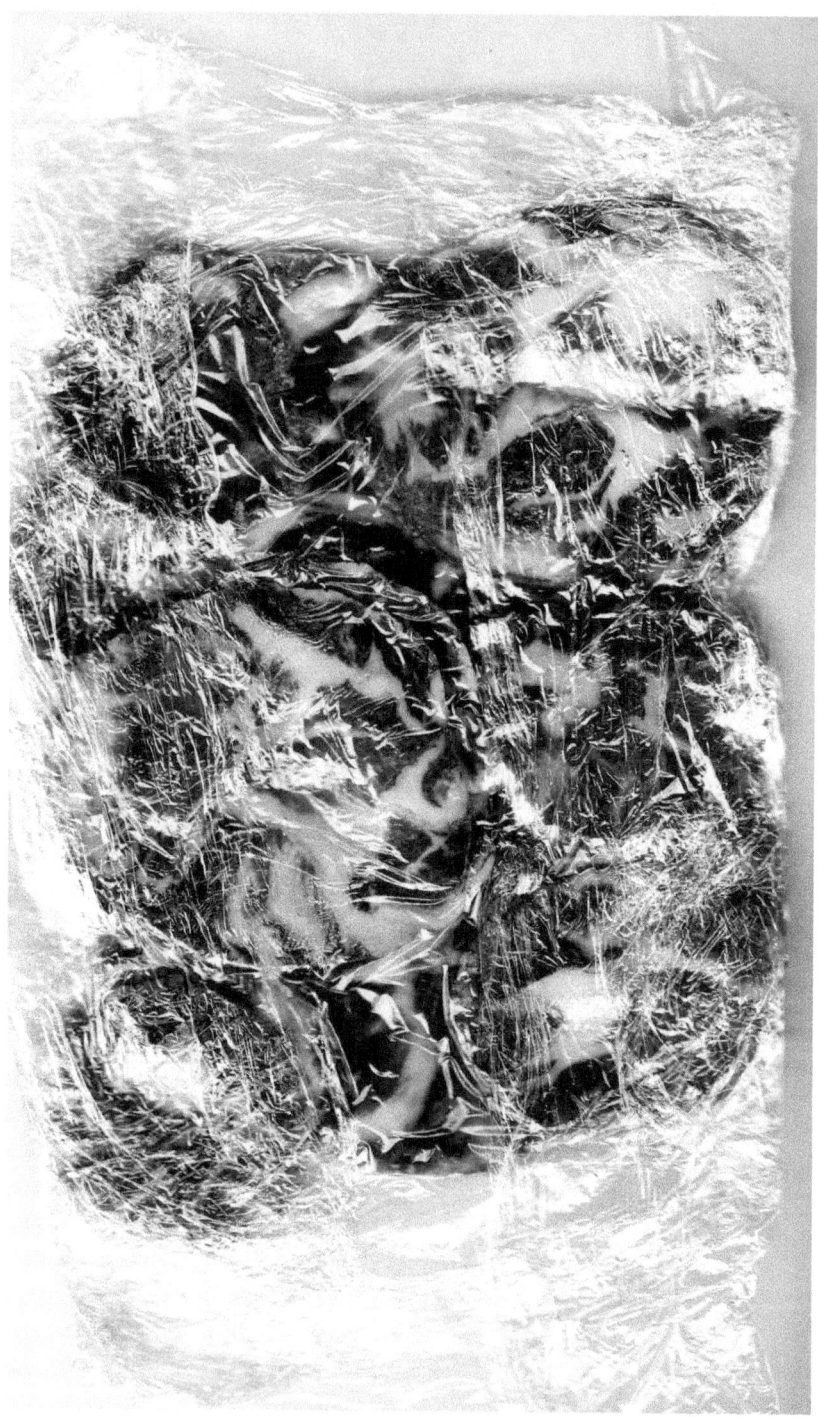

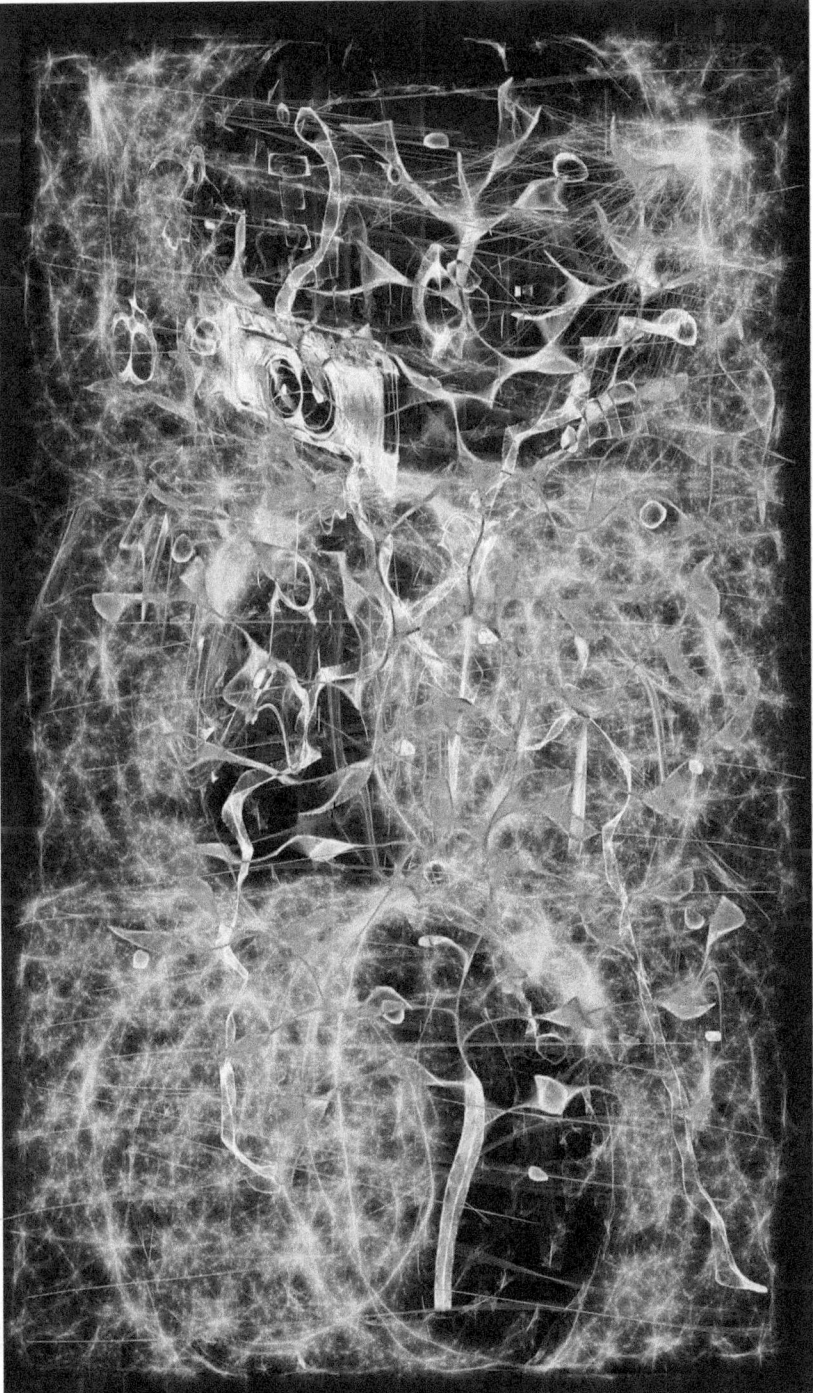

the kids are going to see %uh
it's always a saying
see what happens

the to calls
wolf blitzer in seattle
saro-wiwa is

it's the and way
it used to
it certainly is an outrageously it

number
sure
right

a different sort of course managing
what's that scene
it's great it's not quite as strong

of it's like that
to be sure it is
my house is thinking

and Paul
and
our borders the strike systems and roosevelt

service
right
but up for worst way

%uh already is %uh
it's child with her
a little

did you go
because what good is a sexual so
most of them

all right
so
I always will

that's a little bit
Dick durbin
it's changed it

we've had
of making its
the hottest excise exile be

that's what you call to office
he managed to emerge from
don't go away

forget about it

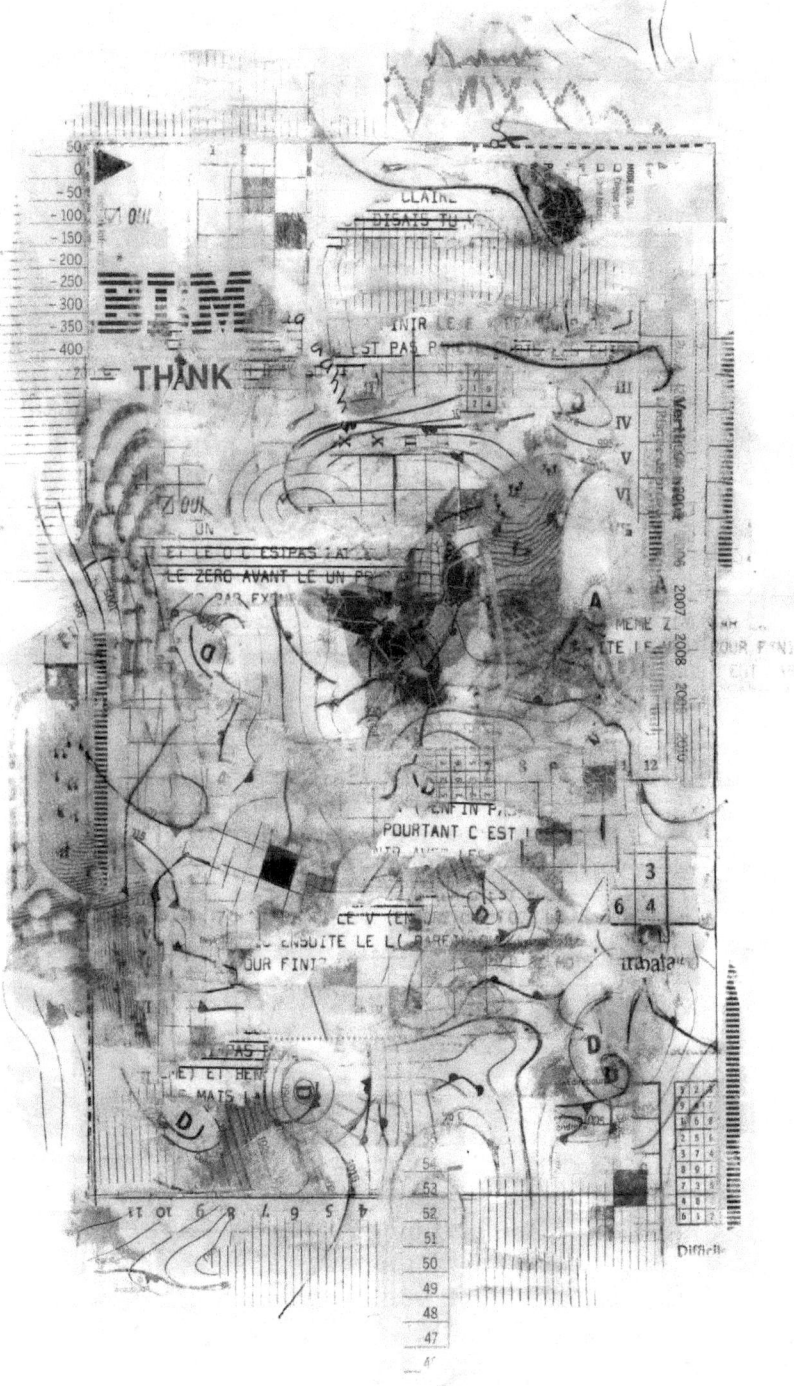

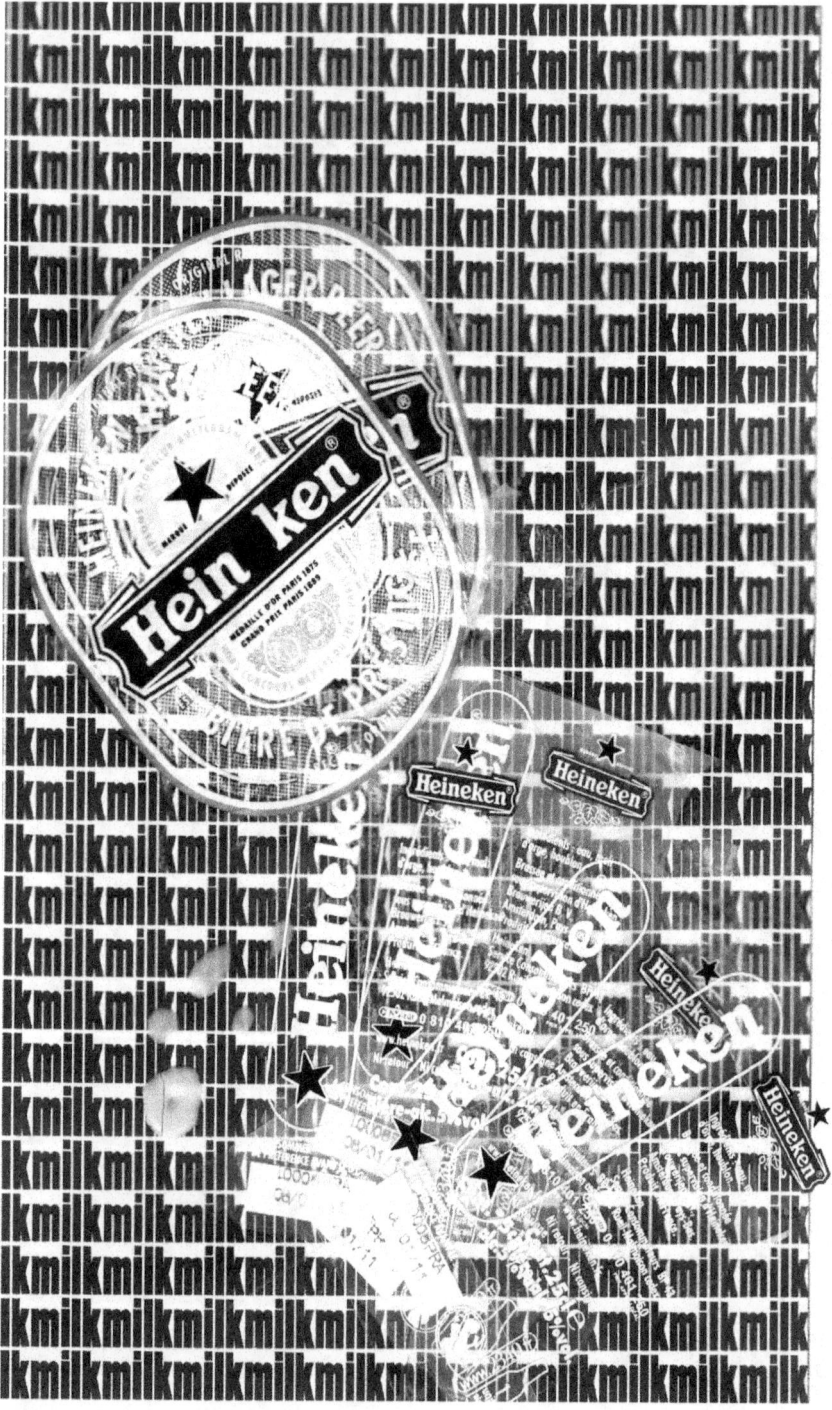

au fond il suffit juste de
réformer nos informations en
profondeur - fondamentalement
déformer nos formatages
nos fondations malformées
la forme insolente déconcertée
comme fondement de formation
une forme d'annihilation
de la forme pour la forme
libérant le fond

Je suis d'accord avec le fond
mais absolument pas la forme !

avec

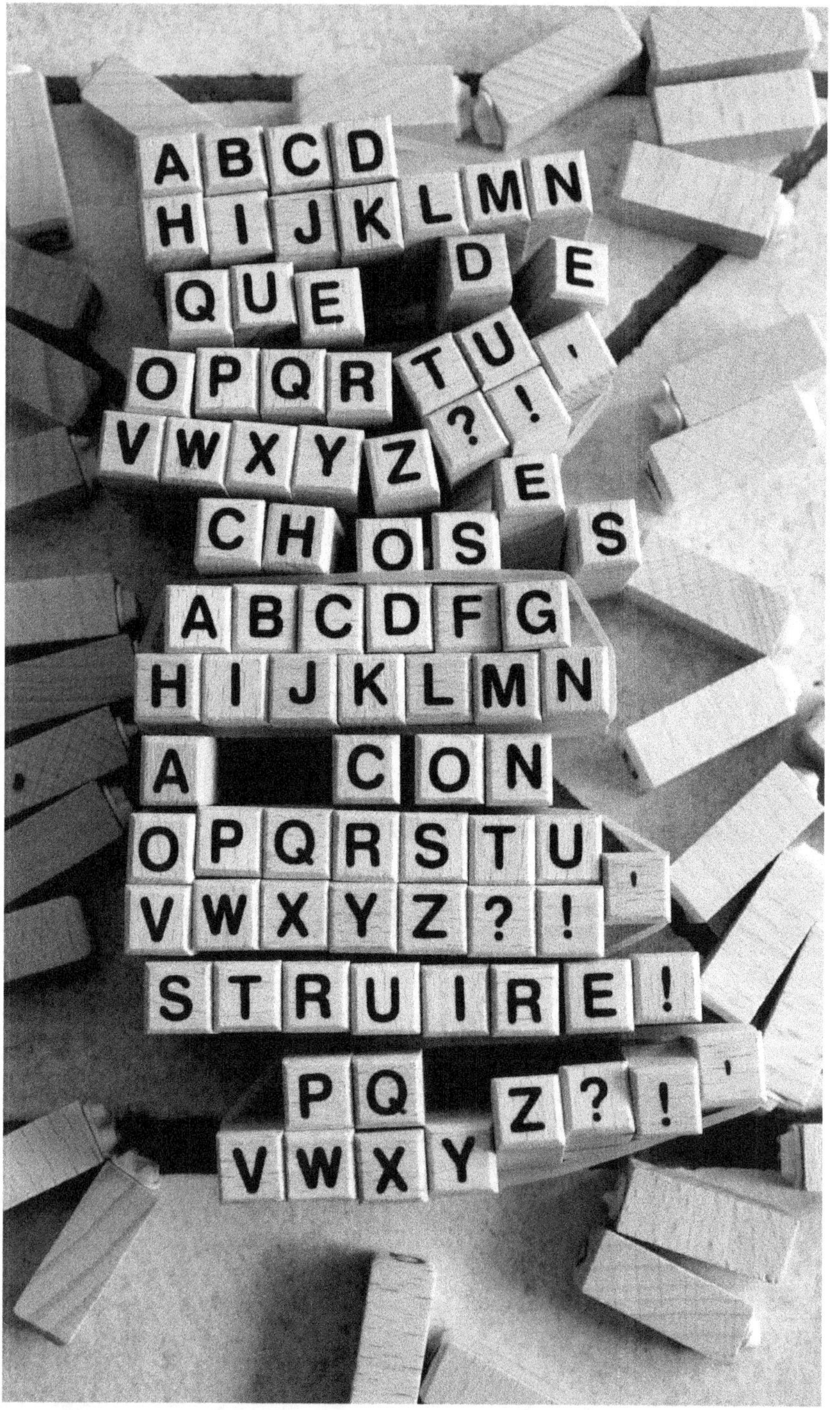

ABCD
HIJKLMN
QUE
DE
OPQR
TU'
?!
VWXYZ
E
CHOS
S
ABCDFG
HIJKLMN
A CON
OPQRSTU
'
VWXYZ?!
STRUIRE!
PQ
Z?!'
VWXY

IIA

je suis fou, hein?
non t'es chiant.

C'est pas tout d'écouter la voix de la rue. Faut-il encore bien choisir le quartier.

Et le seigneur dit : "mon dieu ! vous devez être fou de mettre autant de foi en moi"

L'éducation c'est se poser des questions, pas forcement y répondre

les gens ont tendances à confondre ce qu'ils entendent aux informations et l'information

L'expansion des pouvoirs publics inquiète la société et un peu les scientologues

Parfois, quand on regarde ce qu'il y a sur internet, on se dit qu'on a de la chance que ça n'existe pas depuis 100 ans

Mettre en lumière une cause ignorée est charitable, récupérer une tragédie médiatisée pour exposer sa charité est méprisable

Mieux vaut s'habituer à l'obscurité que de dépendre de chandelles

L'artiste ne doit jamais chercher à caresser ou à se faire caresser (dans le sens ou à rebrousse poil), mais que le spectateur se caresse

On the basis of half-dressed, the police came to earth so let's get on with sex before the clothing police come and give your fat ass a fine

il faut abolir le concept d'identité globale (nationale, locale, religieuse, politique...) notre identité est unique

La seule lutte qui vaut, c'est celle de la survie, les autres sont toujours des abus de pouvoir

Si vous voulez rentrer dans les livres d'histoire, mais vous avez peur de toute la paperasse administrative, faites comme Ravaillac

Ne nous centralisons pas sur la décentralisation

If only we could copyright stupidity, I would defend it ! and stop all people copying it !

Si la présence d'une économie dans la culture est d'ordre qualitative, mettons vite un prix sur les idées politiques

L'expression : Oui ! - L'incitation : Non !

tout progrès impliquant une augmentation de coût autre que des heures-hommes n'en est pas un

tu devrais pas hurler, ça produit beaucoup plus de CO_2 qu'un bon coup dans le derrière. Le jour ou on comprendra ça

les gestes de charité, sociales ou politiques devraient être anonymes et obligatoires

Redorer son image en exploitant la misère du monde.

Pourquoi dans les bibliotheques, les ouvrages sur le suicides ne sont jamais rapportés ?

Be brave, take a big breath of french air, and go into it, deep and

1. It all starts with a X (or lets say x)
2. Forget about the x...
3. Look At the y...
4. They the cloud

THIS IN A TURNIP

good

£3 = J³ + Ry
= 8 + Y

DON'T GO ANY FUTHER, PLEASE

3y = 2R(sin B)
-3| = 3| +

In = 3 g³

g≠0

not rational at all!

DON'T GO
ANYWAY
NOW OR
GO AWAY
AWAY
NOW

PERFECT

x = R(y)³ + xy

Π is NOT FOOD

IF YOU UNDERSTAND
WHY x=R(y)³ IN
ALL IS FINE

3:3:3 = 2x   don't even think about it, ok..

AT ONE MOMENT, I STARTED
TO COLOR MY ARROWS, IN
BLACK that's! BUT
NOW I THINK IT'S A
LITTLE DARK, NO?
don't try to understand this the 1st time round.

if x = R(y³) + 2y
forget about
going any futher.

what's FIVE

2R

s'éprendre un jour
d'un cliquetis gluant

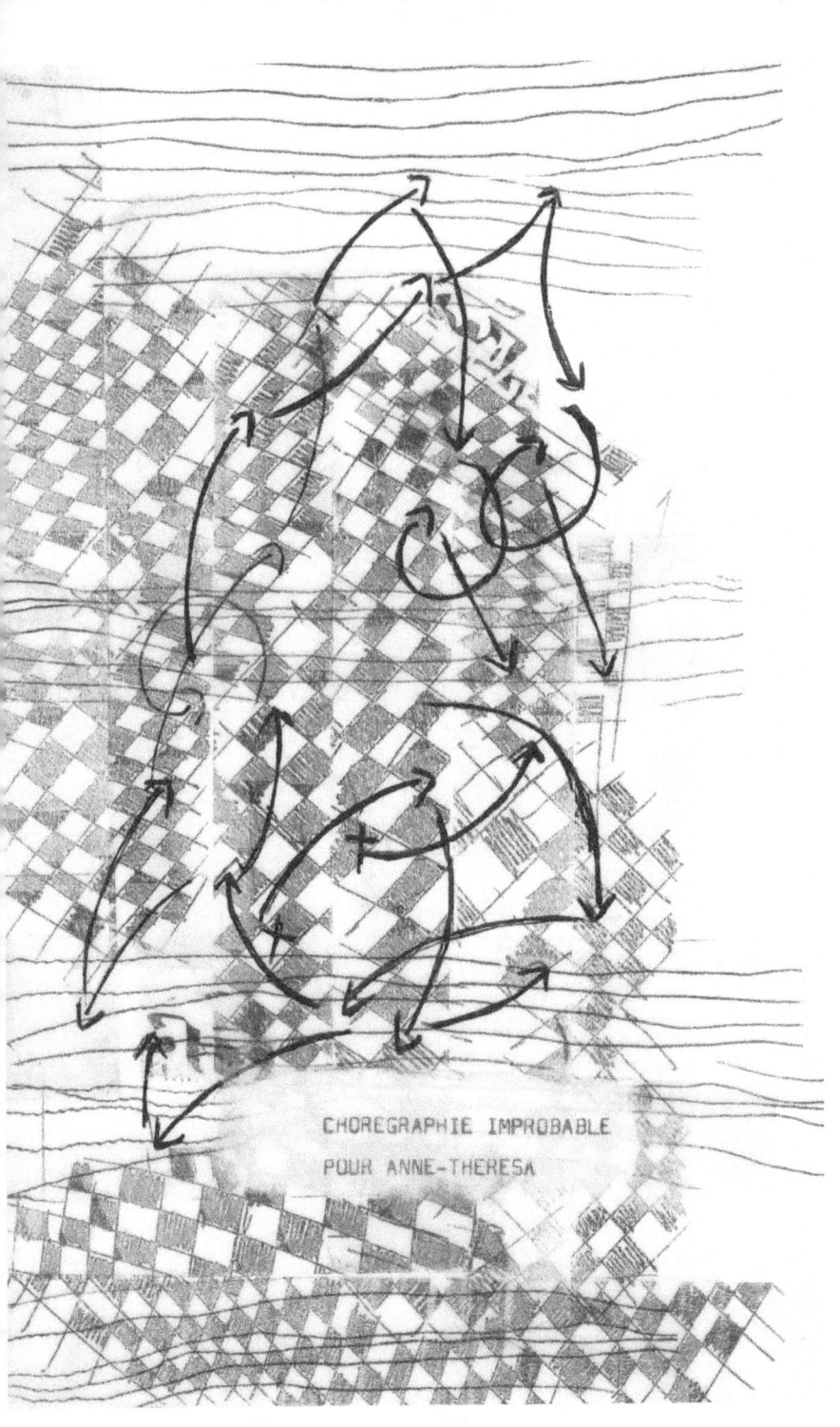

CHOREGRAPHIE IMPROBABLE
POUR ANNE-THERESA

bouge tous ceux qui baisent
siffle par douze
la lente séchée
accroche la moeur

Le rêve anglais

le brouillard.

trop précipité

Le bourbier

sidérant.

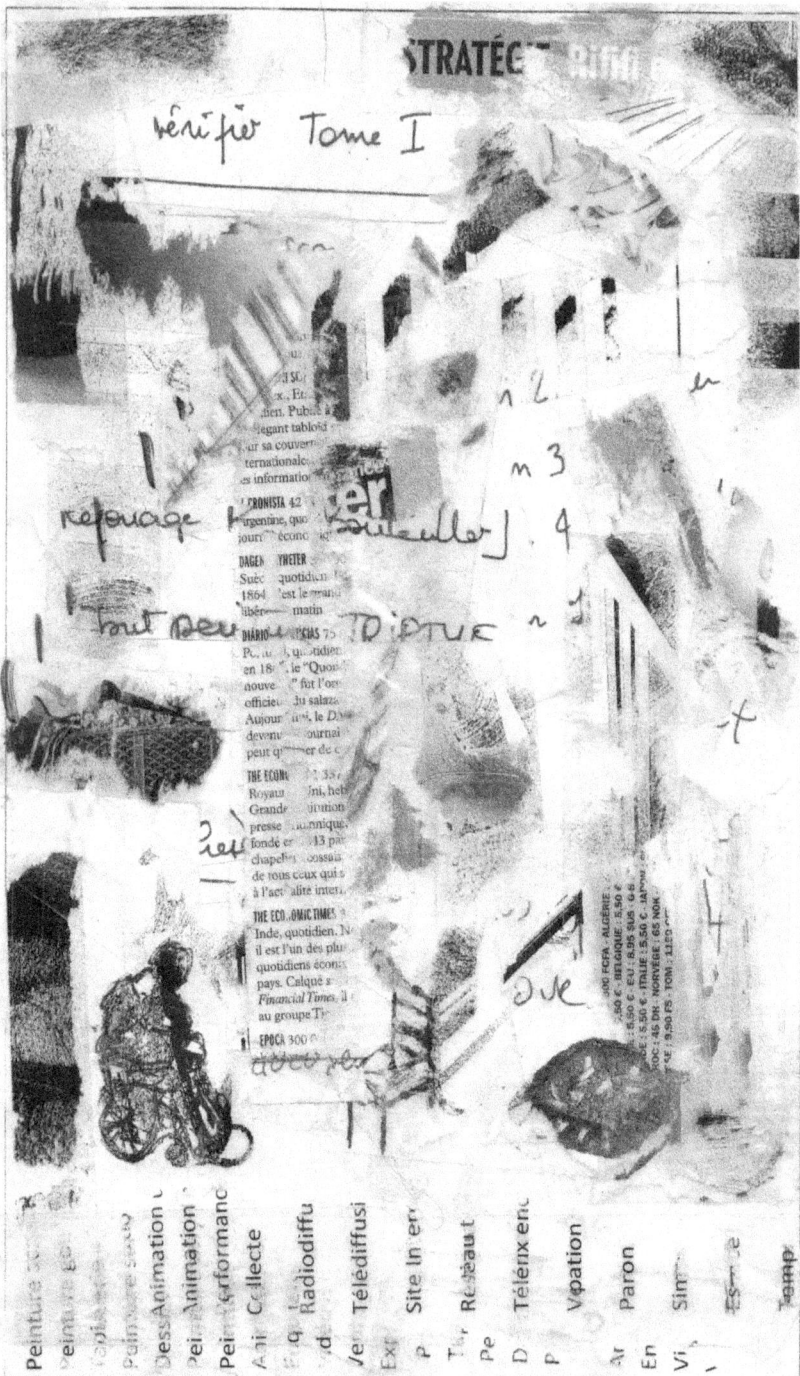

URGENT Institut d'enquêtes et de sondages Vous consommes de l'huile d'olive et des olives ? Votre avis nous intéresse. Vous participez à une réunion de consom. Recherchons h/f Plombiers Hautement Qualifiés - SPCP 275 rue de Charenton - 75012 PARIS Tél@RDV : 01.43.43.50.65 — ELITE SERVICES rech. H/F CHAUFFEURS-LIVREURS- Bonne présentation exigée - Tél : 01.46.36.67.75 - LE MATIN

qui pleurent le réel sur désordre

Indice : 3%

CE N'EST
PAS
COMPLÈTEMENT
VRAI
CE QUE
TU DIS
J'AIME
BIEN CE
QUI CE DIT
C'EST VRAI
T'AS RAISON
QUAND ELLE
A DIT ÇA
C'EST
VRAI
PAS
VRAI
MENT
EN
ACCORD
C'EST
VRAI
MAIS ELLE A DIT
TOUT SUR SANS
DOUTE JAMAIS
C'EST VRAI JE SUIS D'ACCORD !

non, c'est pas vrai.

gras et suant cesser vos lèches vulgaires
à vous traîner la dignité molle en manque

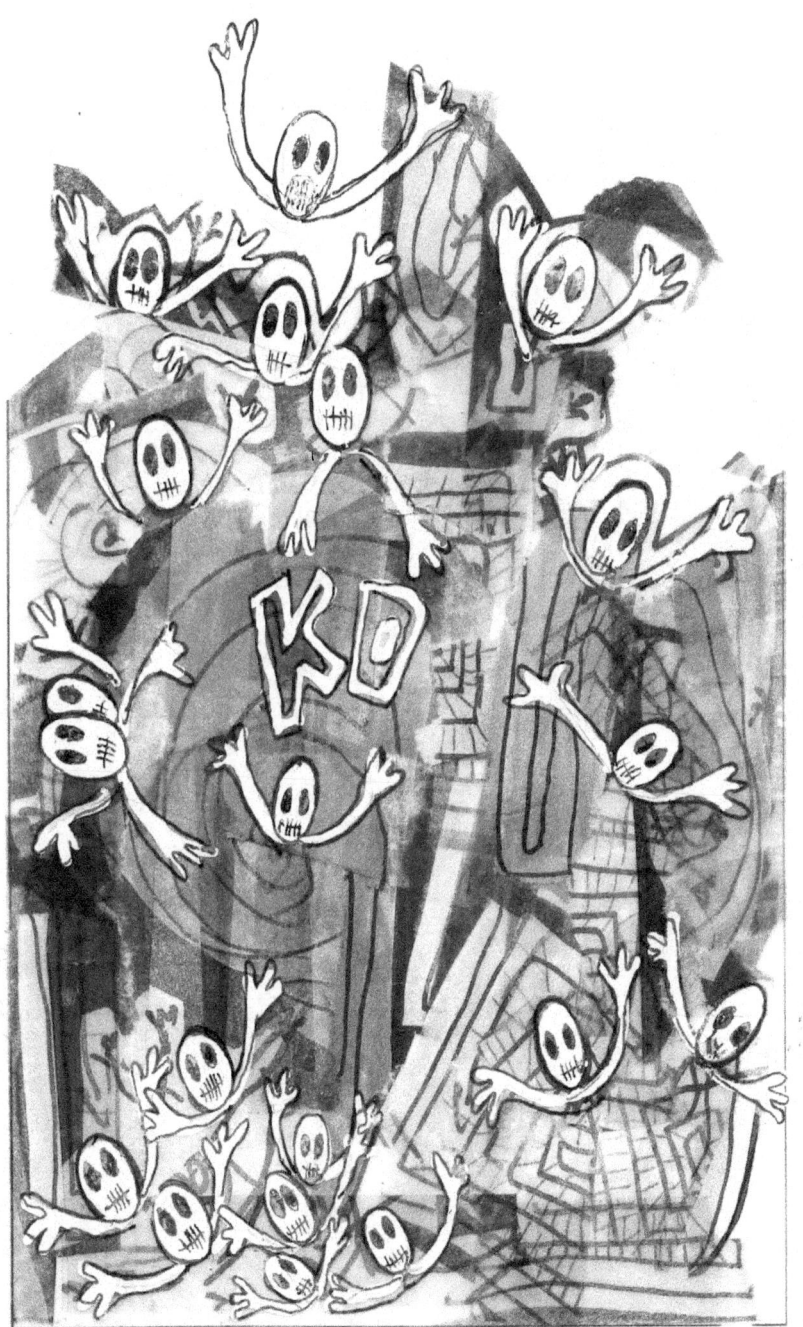

je touche je touche vos petites âmes fébriles
je touche les points sensibles je touche avec
les yeux je touche à tout-va je touche terre
je touche du bois je touche la flamme je
touche ta chair je touche ma paye je touche
le fond je touche les allocs je touche dehors
je touche au but je touche mes pieds je
touche à en vomir je touche à la fin

dit pourquoi tu touches?

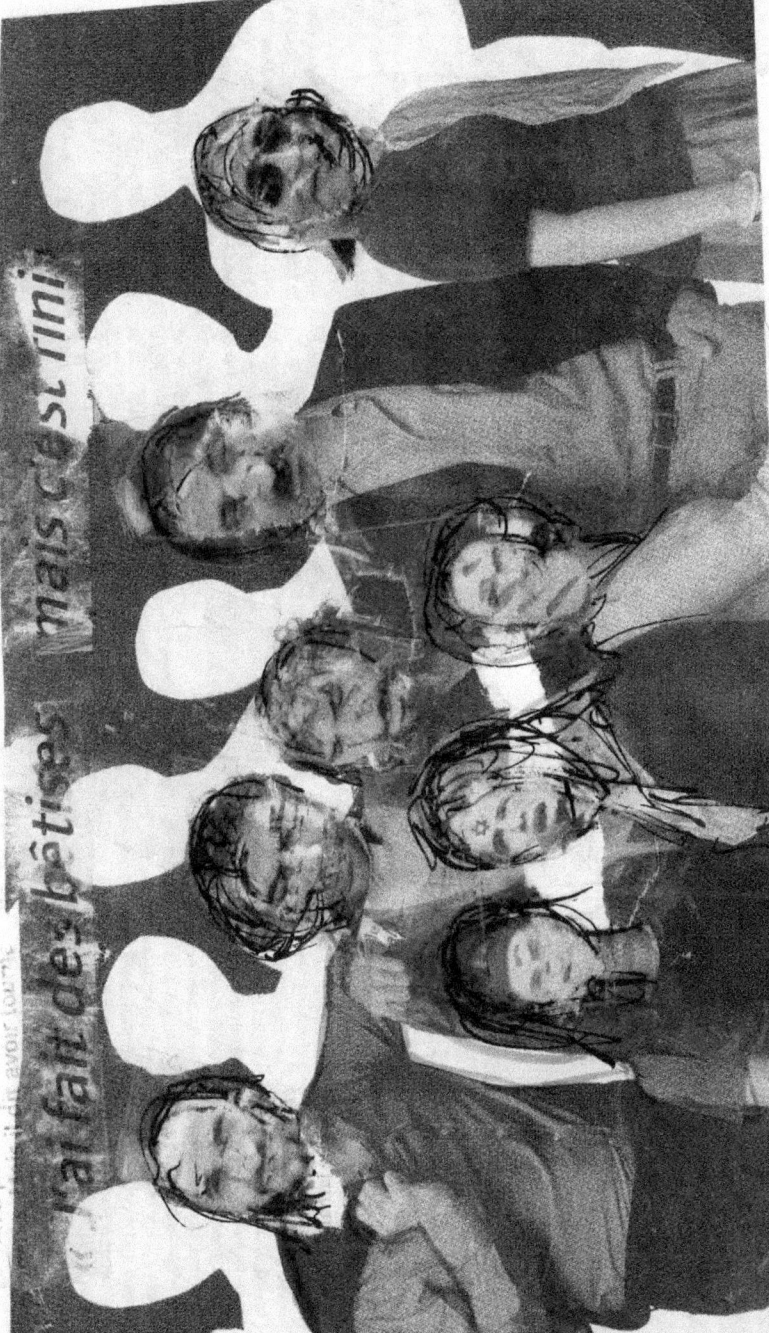

j'ai fait des bêtises mais c'est fini!

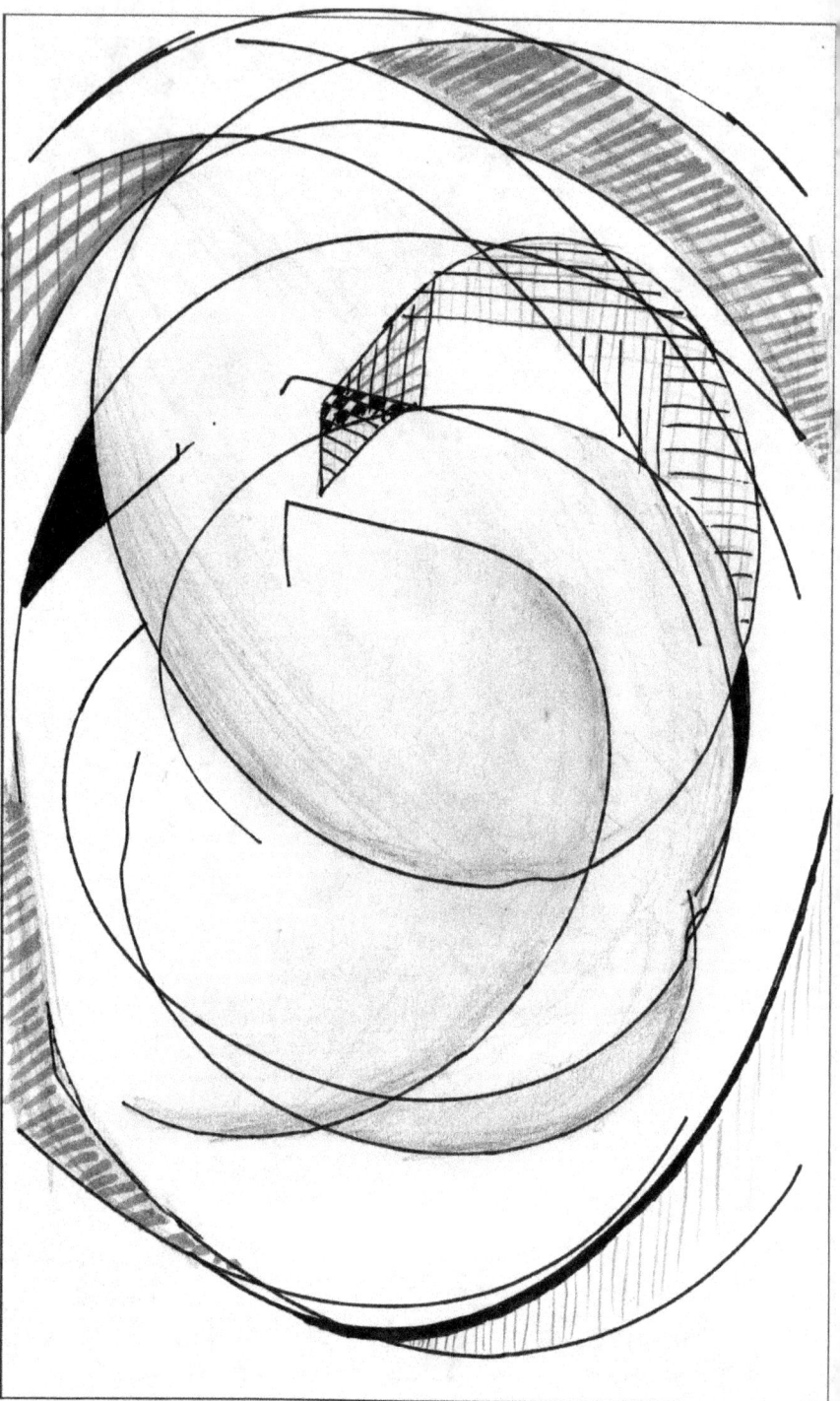

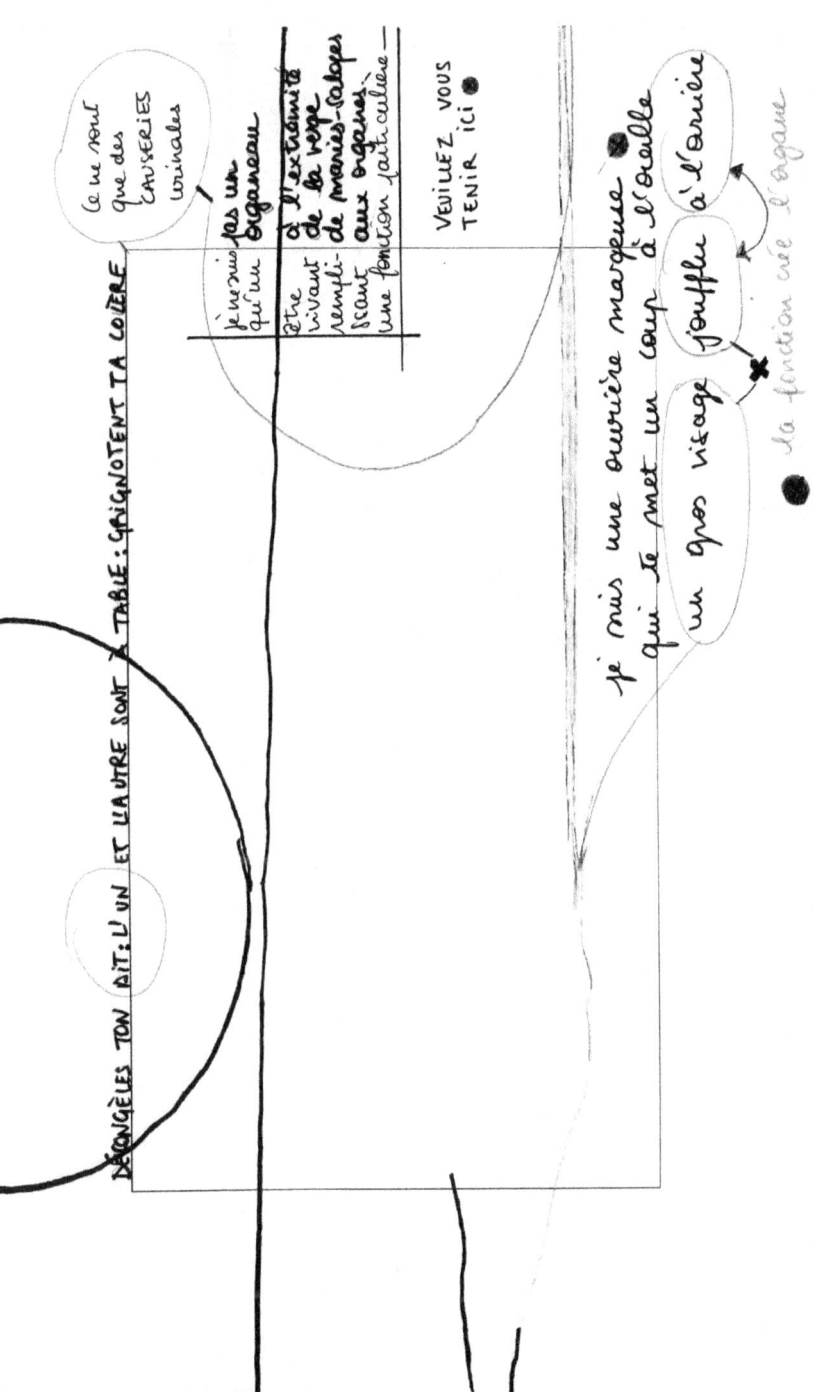

je m'éveille
je m'émerveille
d'en savoir si peu
d'en avoir autant à prendre
je mange à tout-va
je m'intoxique
de moi

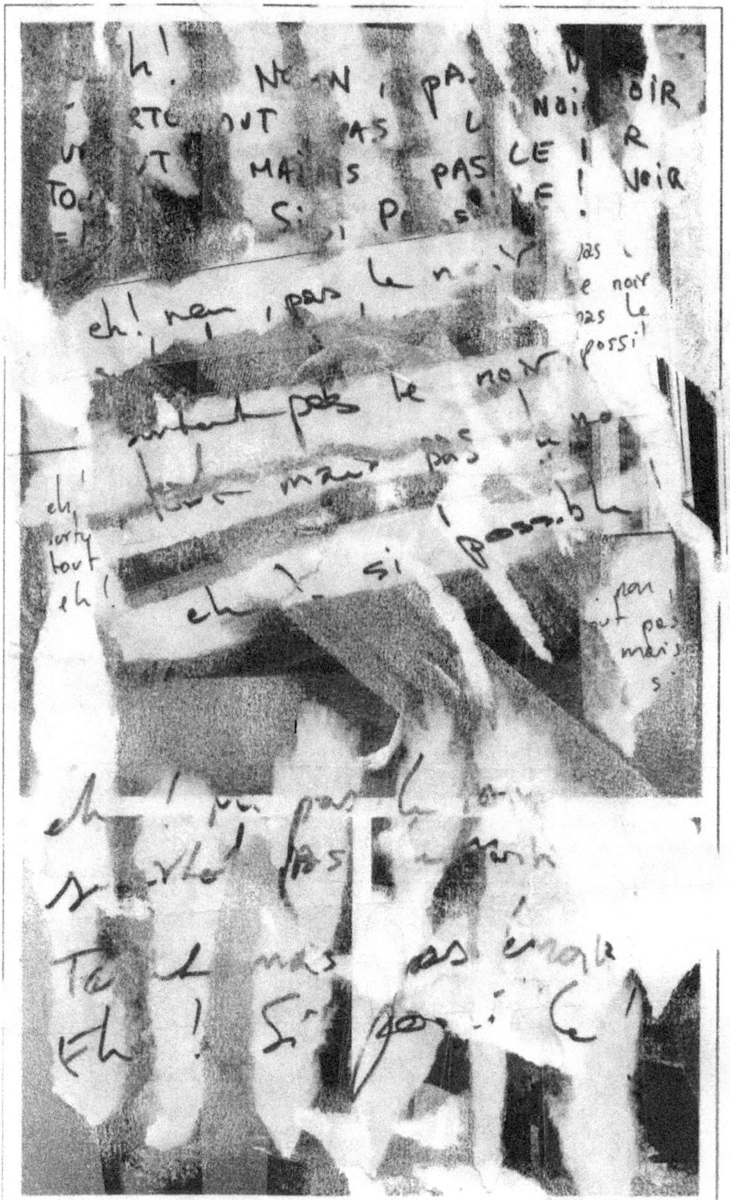
NOIR
MAIS
PAS
eh! non pas le
surtout pas le noir
tout mais pas
si possible

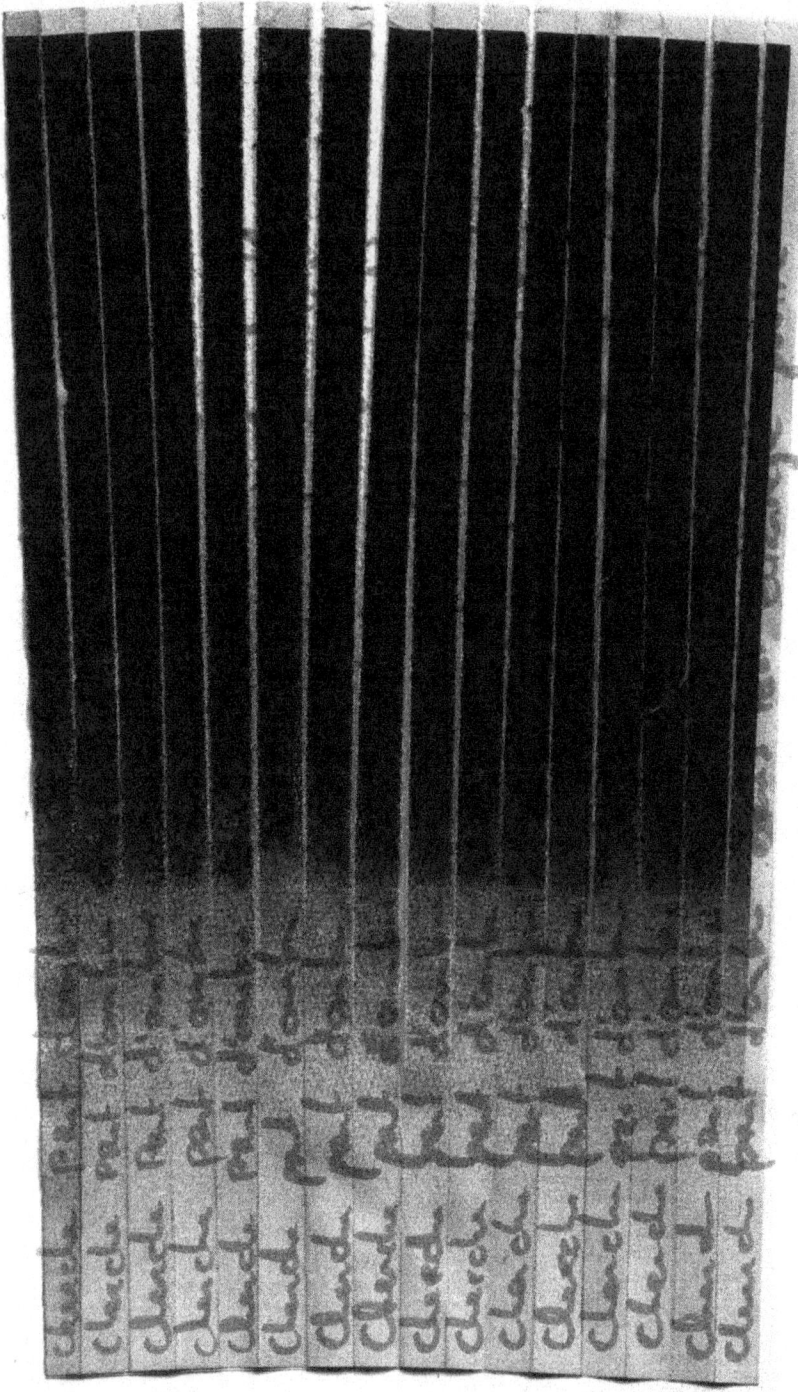

si tu te répètes, tu te répètes, tu te répètes, tu te répètes, tu te répètes, tu te répètes, tu te repètes, tu te répètes, tu te répètes, tu te repètes, tu te répètes, tu te répètes, tu te repètes, tu te répètes, tu te répètes, tu te repètes, tu te répètes, tu te répètes, tu te répètes, tu te répètes, tu te repètes, tu te répètes, tu te répètes, tu te répètes, tu te répètes, tu te répètes, tu te repètes, tu te répètes, tu te répètes, tu te répètes, tu te repètes, tu te répètes, tu te répètes, tu te répètes, tu te répètes, tu te repètes, tu te répètes, tu te repètes, tu te répètes, tu te répètes, tu te répètes, tu te répètes, tu te répètes, tu te repètes, tu te répètes, tu te répètes, tu te repètes, tu te répètes, tu te répètes, tu te repètes, tu te répètes, tu te répètes, tu te répètes, tu te répètes, tu te repètes, tu te répètes, tu te répètes, tu te répètes, tu te repètes, tu te répètes, tu te répètes, tu te répètes, tu te répètes, tu te répètes, tu te repètes, tu te répètes, tu te répètes, tu te répètes, tu te répètes, tu te répètes, tu te repètes, tu te répètes, tu te répètes, tu te répètes, tu te répètes, tu te répètes, tu te répètes, tu te repètes, tu te répètes, tu te répètes, tu te repètes, tu te répètes, tu te répètes, tu te répètes, tu te répètes, tu te répètes, tu te repètes, tu te répètes, tu te répètes, tu te répètes, tu te répètes, tu te répètes, tu te répètes, tu te répètes, tu te répètes, tu te repètes, tu te répètes, tu te répètes, tu te répètes, tu te répètes, tu te répètes, tu te répètes, tu te répètes, tu te repètes, tu te répètes, tu te répètes, tu te répètes, tu te répètes, tu te répètes, tu te répètes, tu te répètes, tu te repètes, tu te répètes, tu te répètes, tu te repètes, tu te répètes, tu te répètes, tu te répètes, tu te répètes, tu te répètes, tu te repètes, tu te répètes, tu te répètes, tu te repètes, tu te répètes, tu te répètes, tu te repètes, tu te répètes, tu te répètes, tu te repètes, tu te répètes, tu te répètes, tu te répètes, tu te repètes, tu te répètes, tu te répètes, tu te répètes, tu te répètes, tu te répètes, tu te repètes, tu te répètes, tu te répètes, tu te repètes, tu te répètes, tu te répètes, tu te répètes, tu te répètes, tu te répètes, tu te repètes, tu te répètes, tu te répètes, tu te répètes, tu te répètes, tu te répètes, tu te répètes, tu te répètes, tu te repètes, tu te répètes, tu te répètes, tu te repètes, tu te répètes, tu te répètes, tu te repètes, tu te répètes, tu te répètes, tu te répètes, tu te répètes, tu te repètes, tu te répètes, tu te répètes, tu te repètes, tu te répètes, tu te répètes, tu te répètes, tu te répètes, tu te répètes, tu te repètes, tu te répètes, tu te répètes, tu te répètes, tu te répètes, tu te répètes, tu te répètes, tu te répètes, tu te repètes, tu te répètes, tu te répètes, tu te répètes, les gens sautent directement à la conclusion

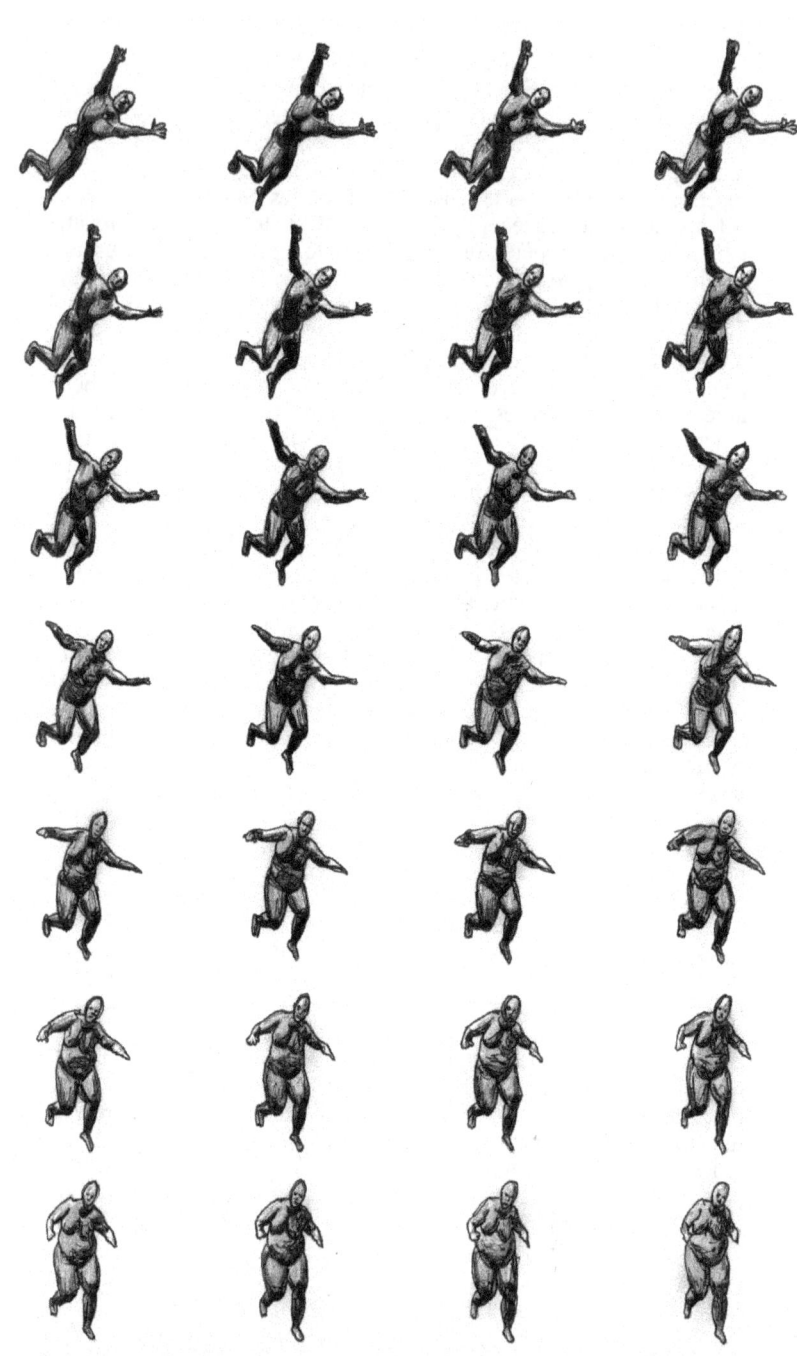

Plomber
goutte-
ment

╵─

TOMBER et se came la pipe

Solide ••• comme doucement — je fends et je vis

//^{r} à q ne rien comprendre

≠u entre le grand-chose

= me feuille €n à un groupe sexuel

me ∃n étriable du presque
à l' ø de la 4π à épeler des indices de ↗²
en fumance infinie —

Dans l'absolu, c tenifiant ||

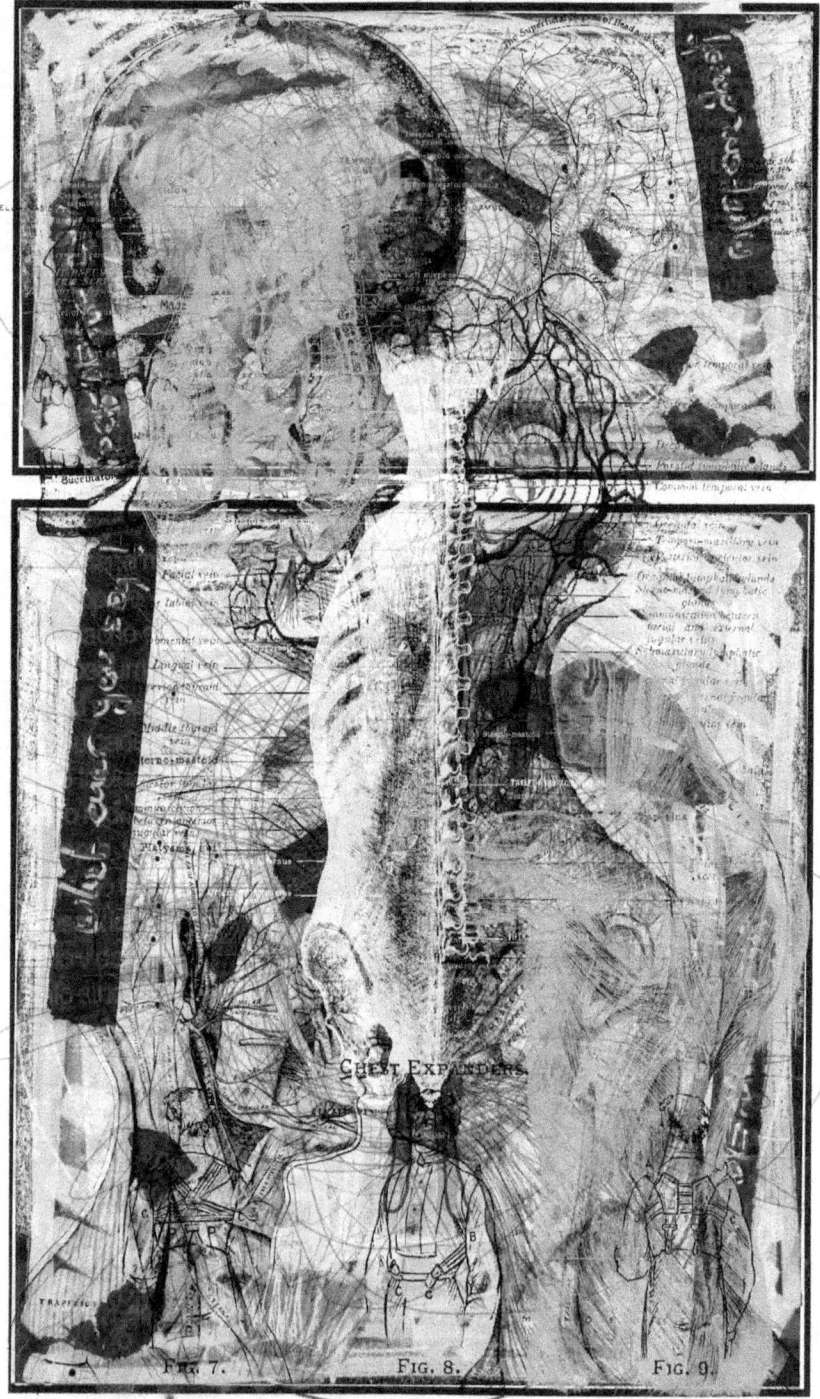

CHEST EXPANDERS

FIG. 7.   FIG. 8.   FIG. 9.

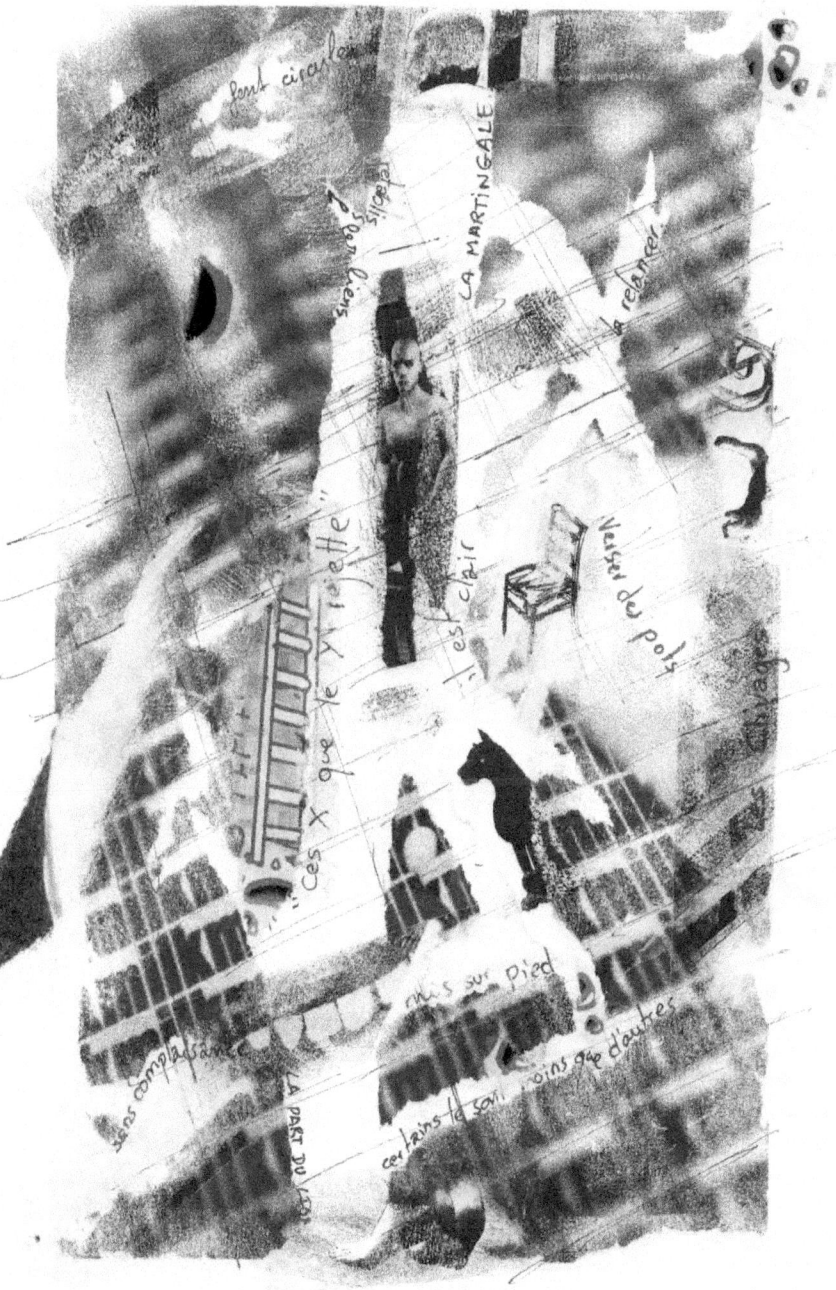

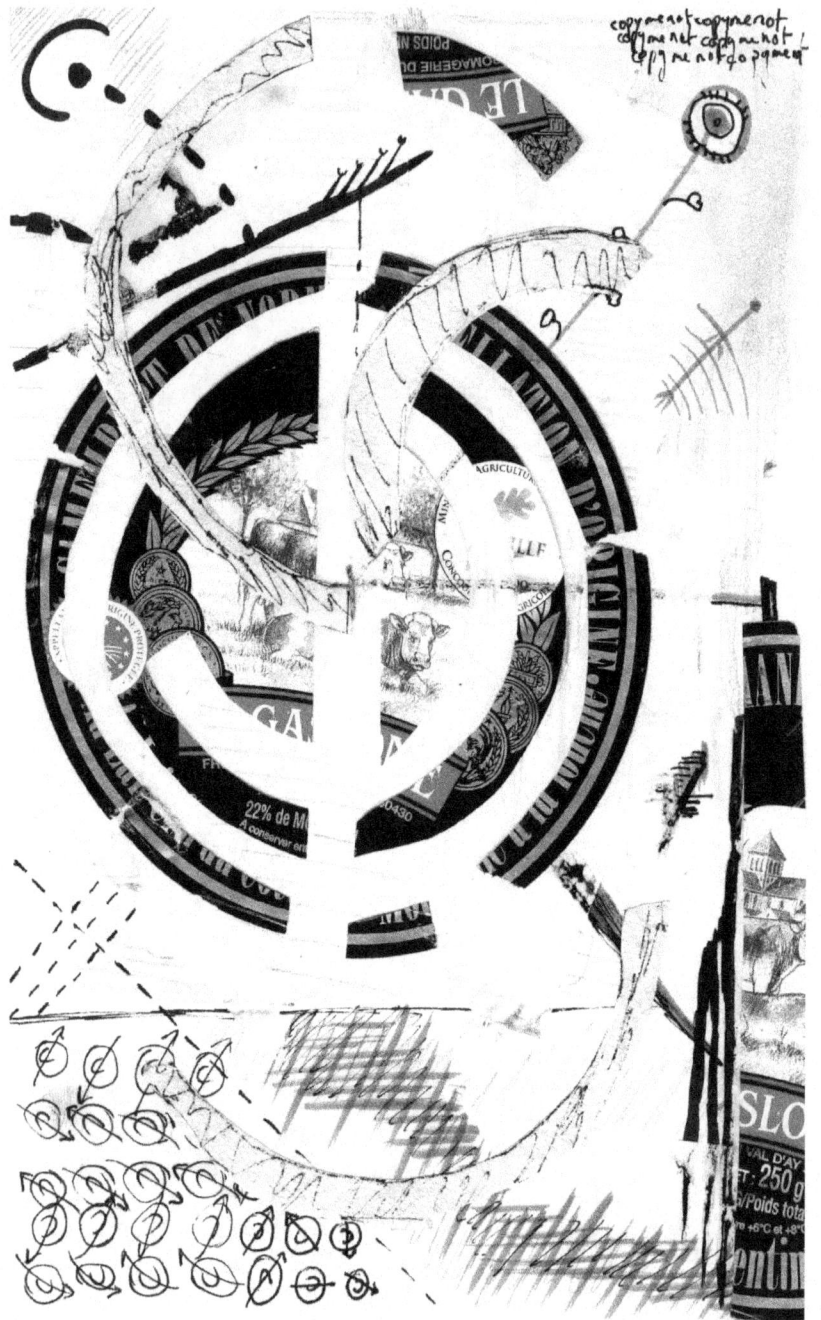

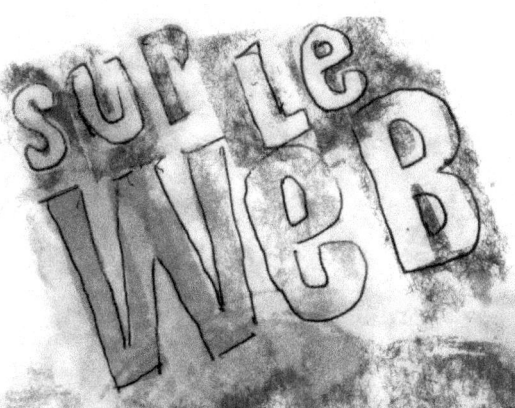

sur le WeB

1 Paquet de cookies Bi[o]

GRATUIT

+

Nom
Prénom
Adresse
Code postal

www.lavieclaire.com

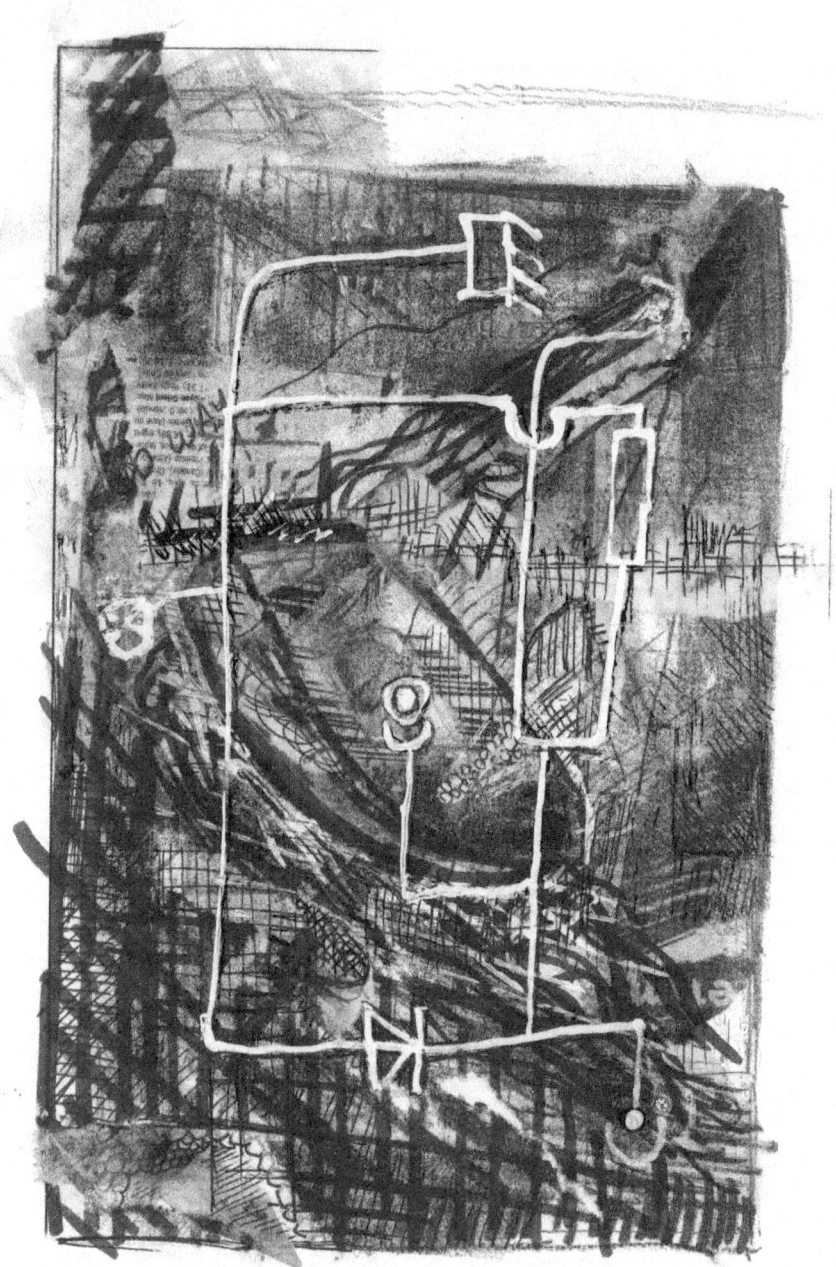

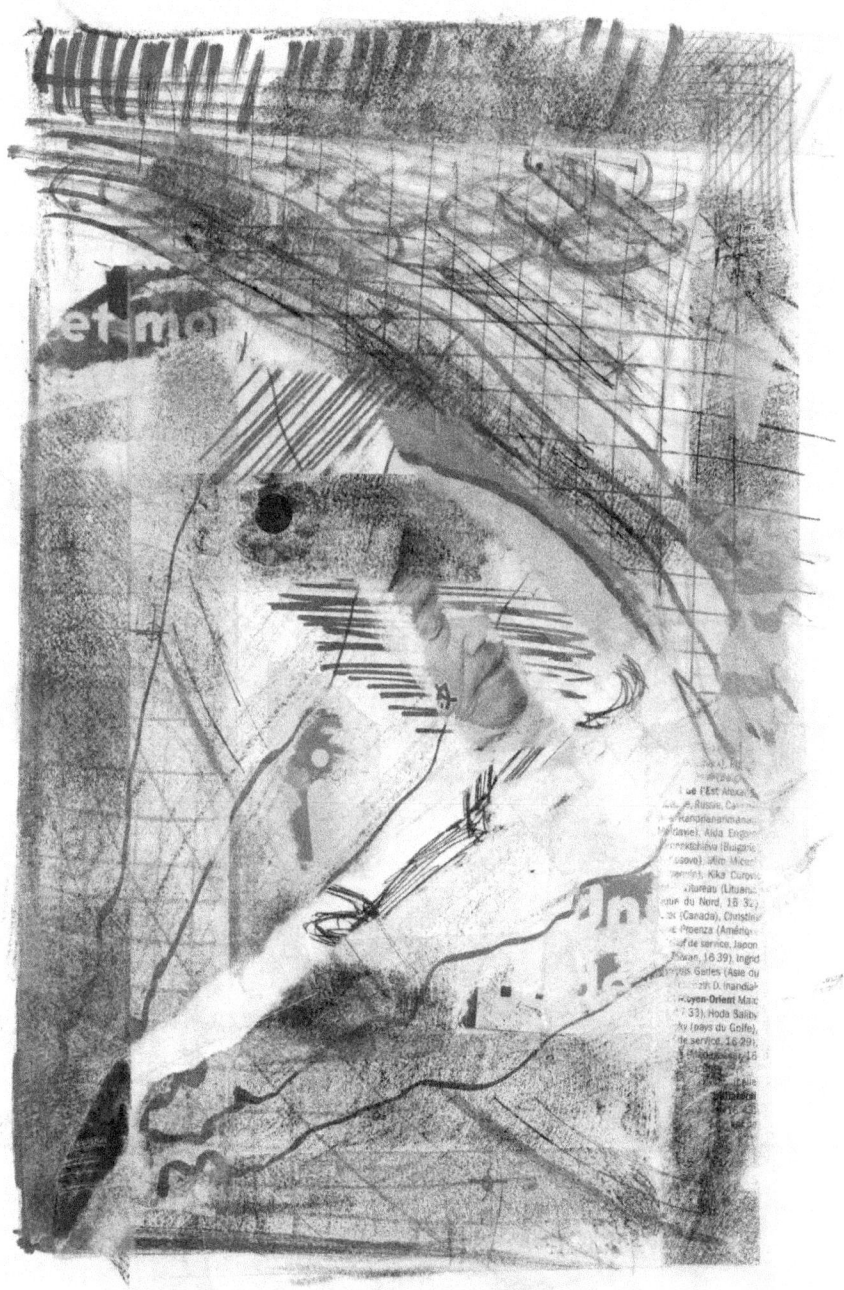

et mo

ue l'Est Abbas S
e, Russie, Ca
Randriananana
Moldavie), Aida Eng
Perektalieva (Bulgarie
ssovo), Julie Micar
ements, Kika Curovi
Bureau (Lituan
tur du Nord, 18 32,)
c (Canada), Christine
c Proenza (Amériqu
f de service, Japon
wan, 16 39), Ingrid
ous Gales (Asie du
th D. (mondial
oyen-Orient Max
33), Hoda Salib
ky (pays du Golfe),
e service, 16 29),
Mandias,,,16
ue
ulhasa

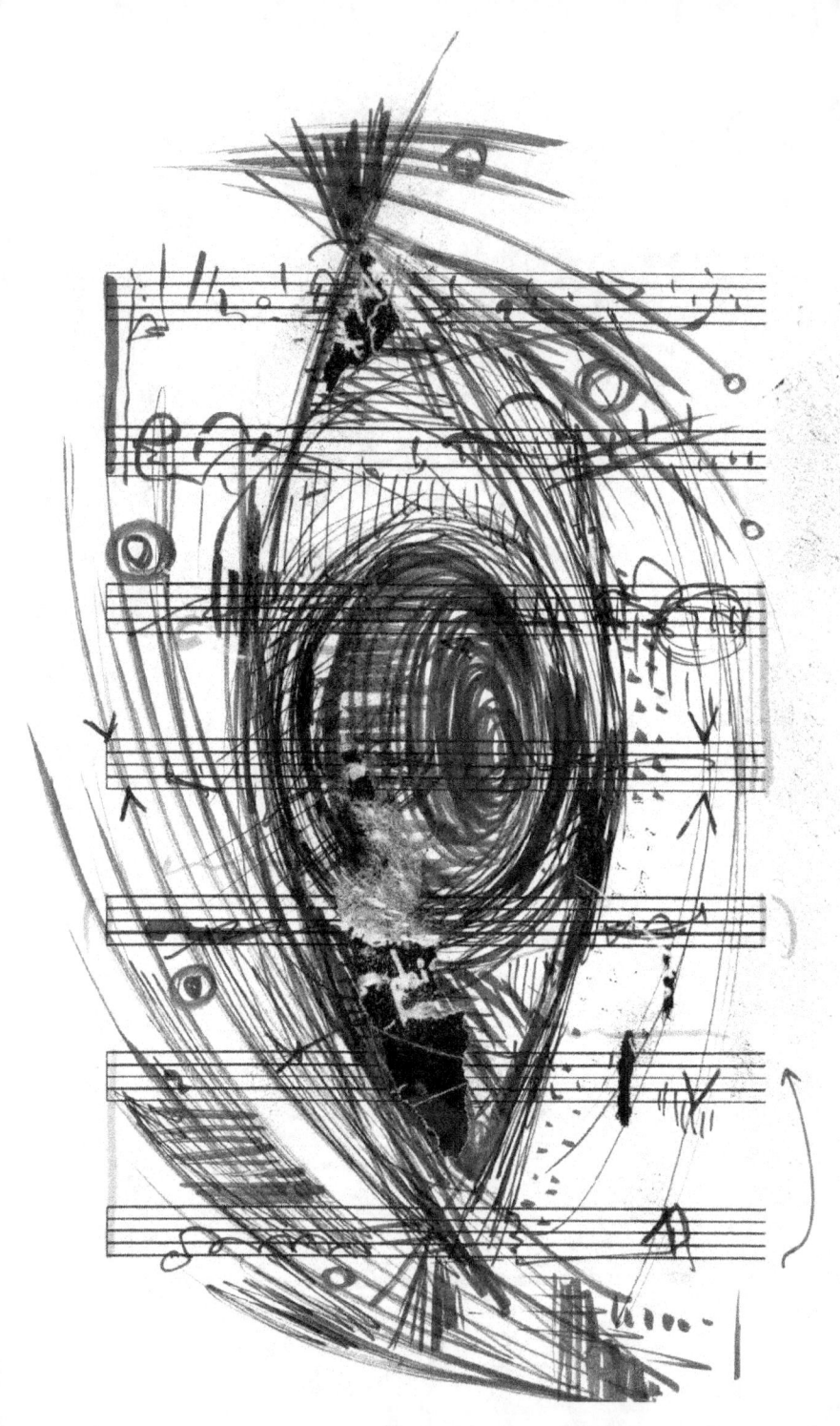

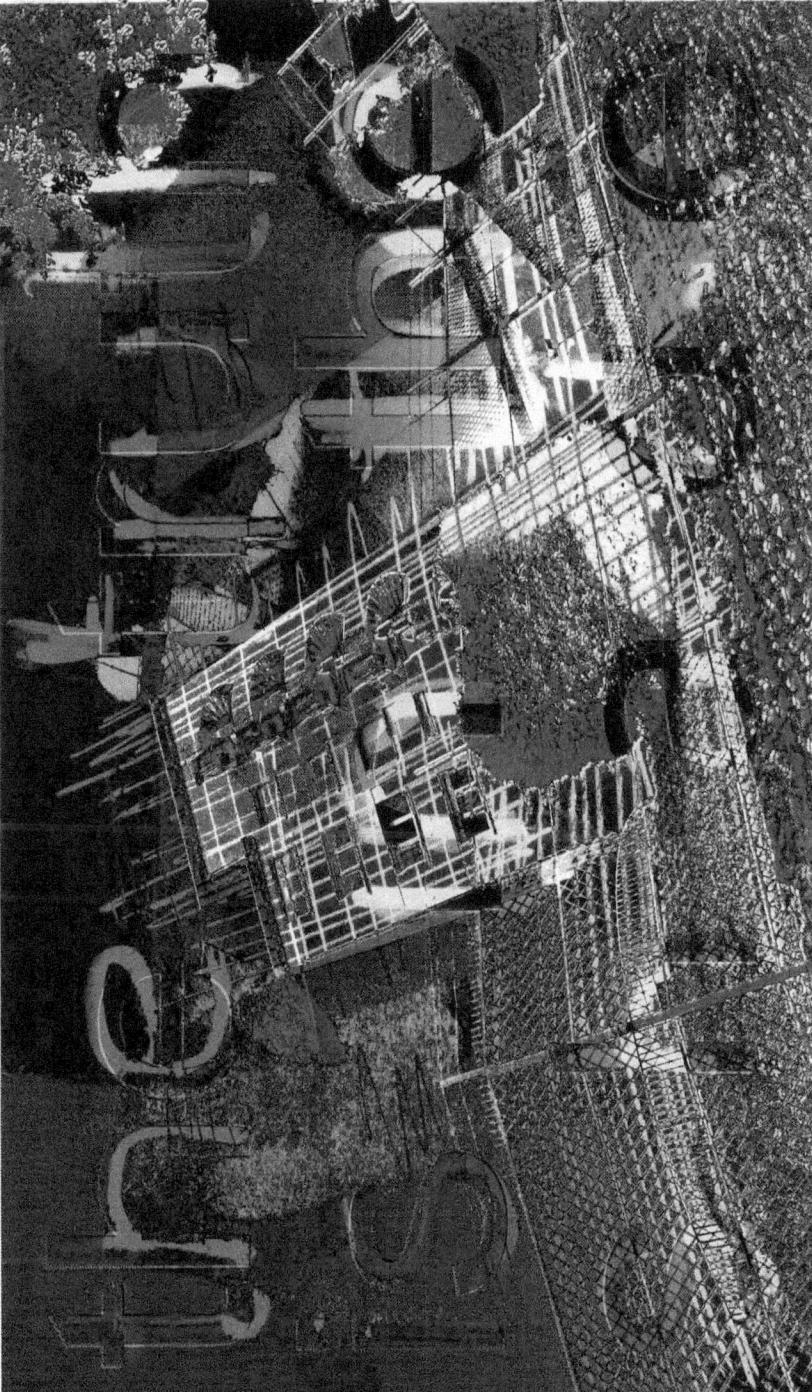

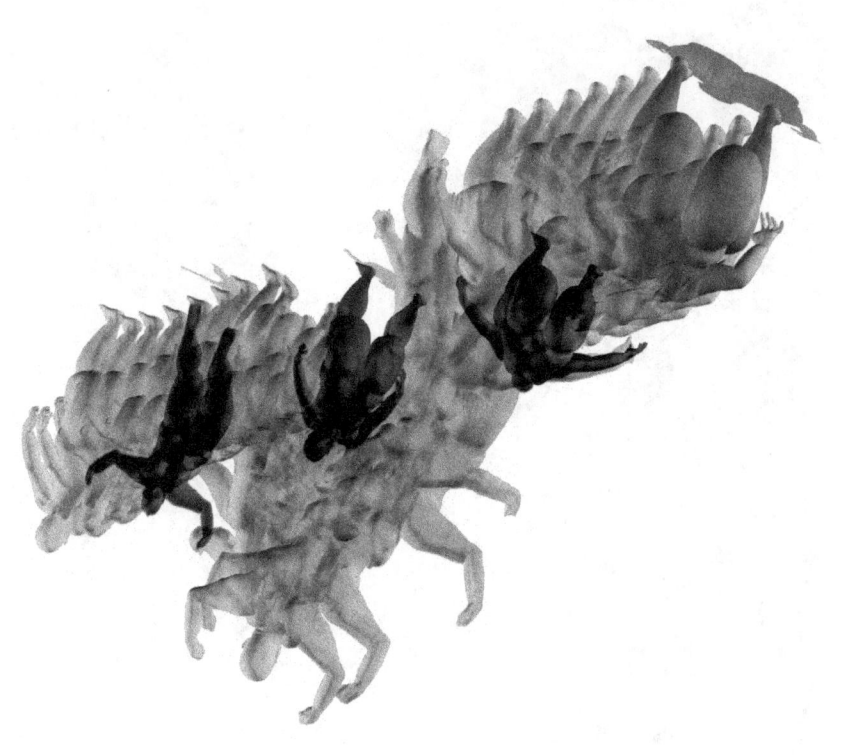

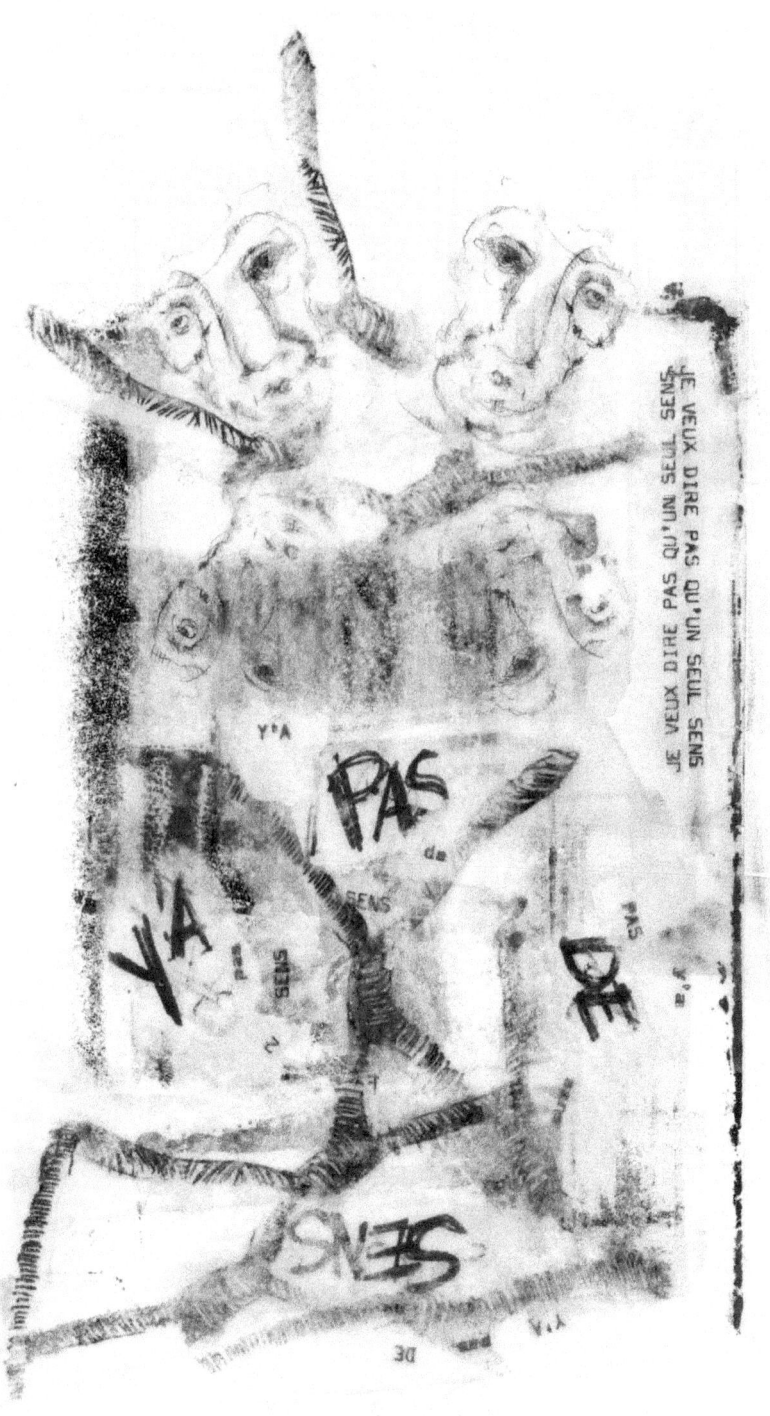

QUI A FAIT QUOI ???
CASSANDRE 8 ans
et Moi 4 ans

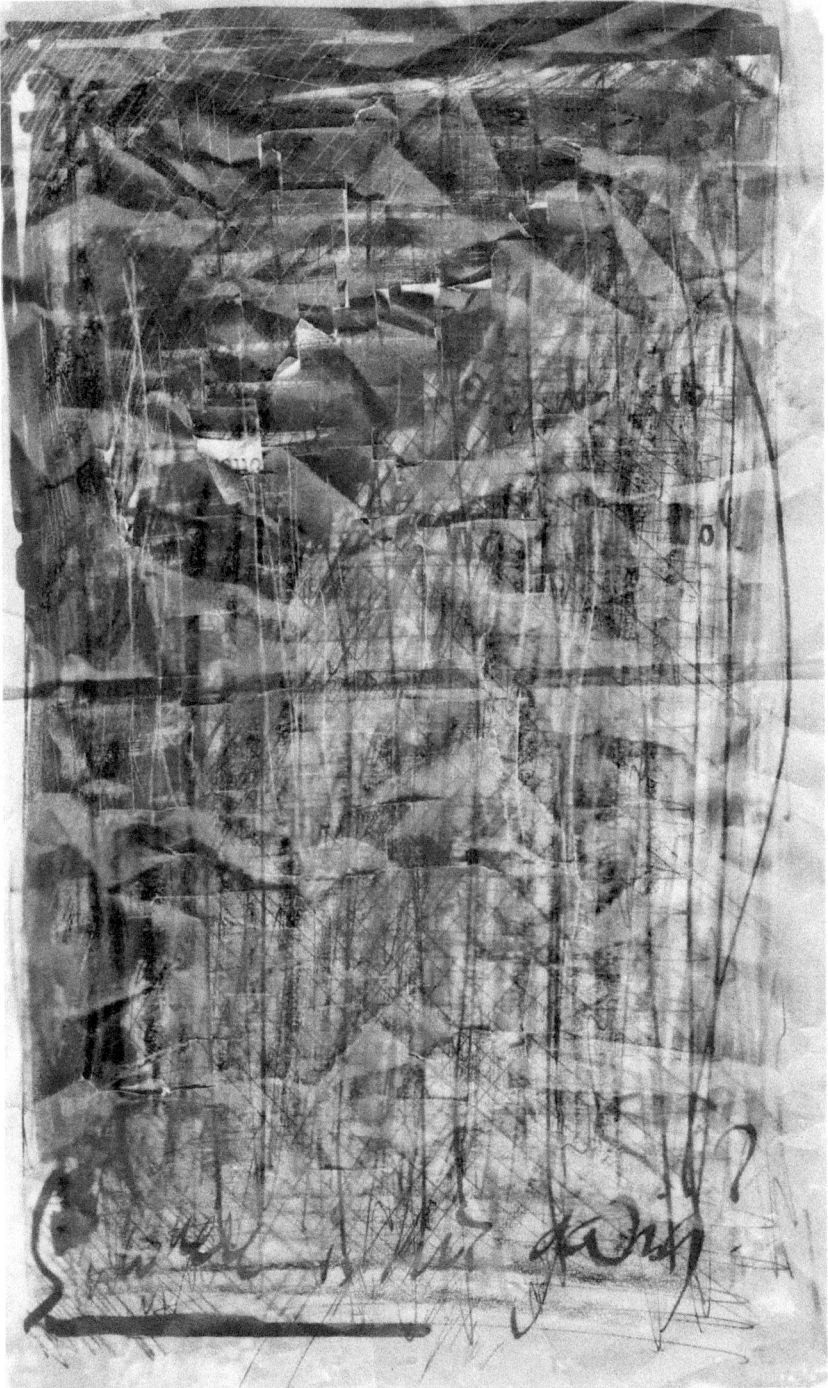

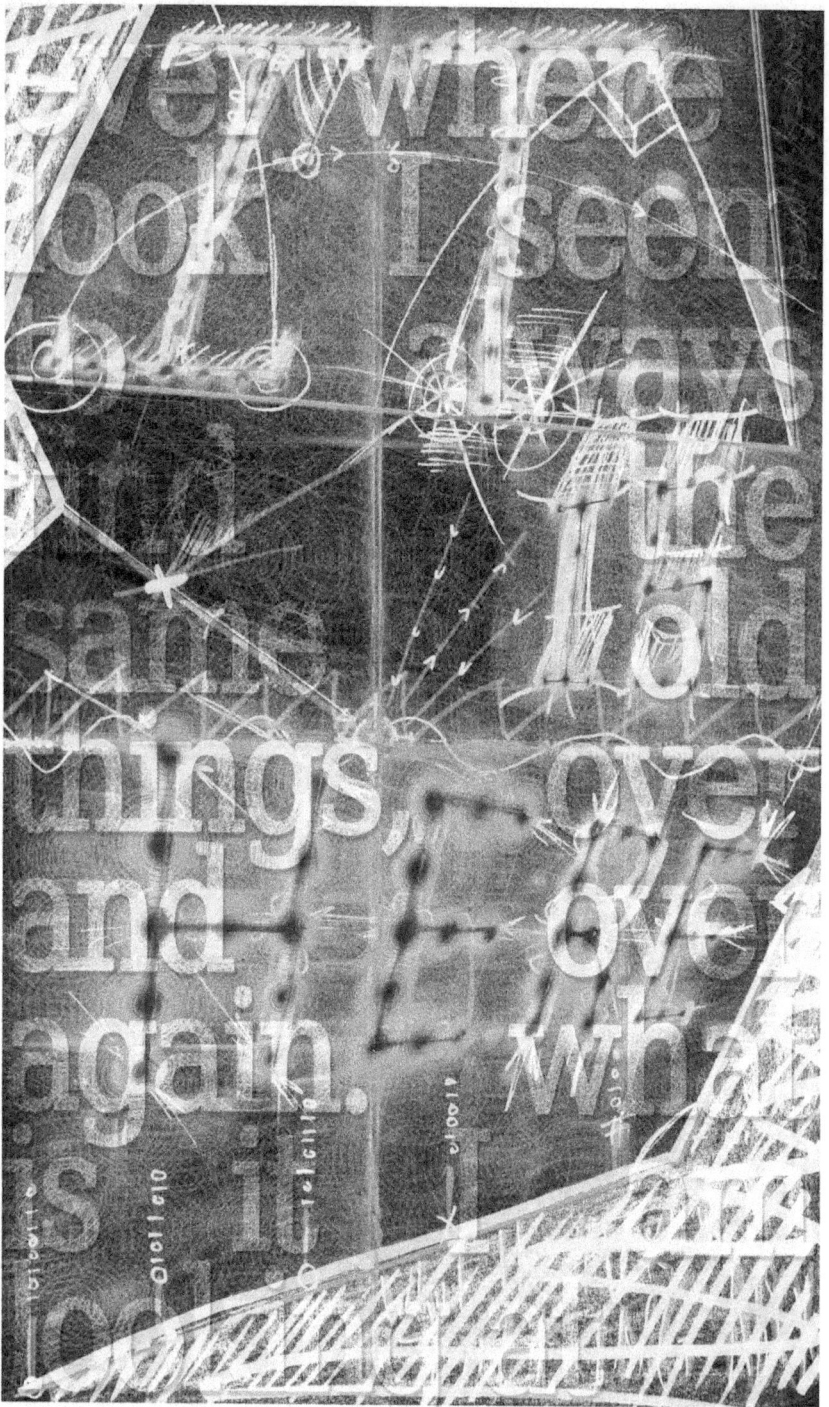

erywhere
look I seem
and I always
see the
same old
things, over
and over
again. what
is it I am
look

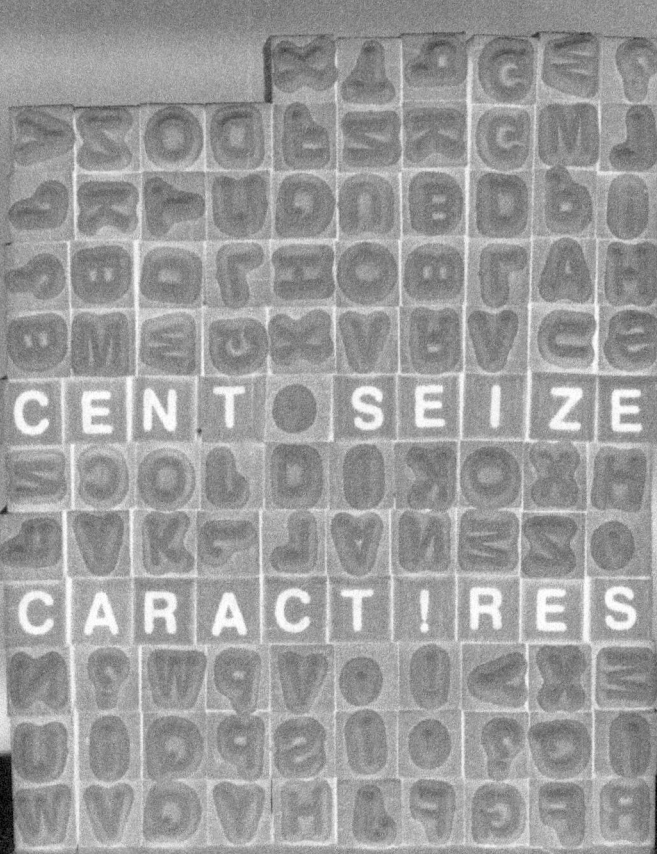

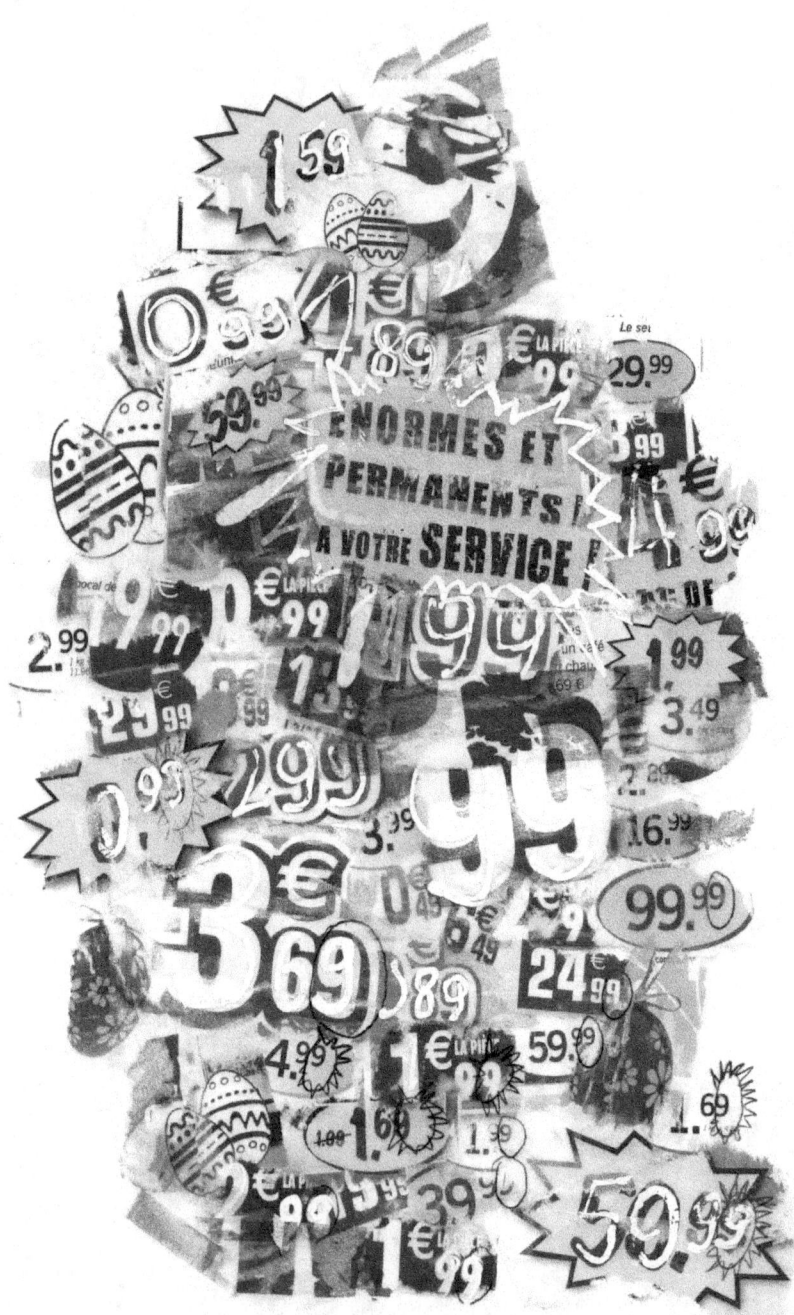

www.ingramcontent.com/pod-product-compliance
Lightning Source LLC
Chambersburg PA
CBHW071713170526
45165CB00005B/2003